亲子阅读指南

从爱上阅读
到学会阅读

主 编◎杨毅蓉

上海交通大学出版社
SHANGHAI JIAO TONG UNIVERSITY PRESS

内容提要

本书是一本实用的亲子阅读指南。全书分为十二讲,分别对绘本、童诗、漫画书、童话、寓言、科普读物、神话、民间故事、史书、小说、散文、传记等12种文体的亲子阅读进行指导。每一讲都包含推荐书目与丰富的亲子阅读活动,为亲子阅读提供了实用的方法,能够帮助家长更好地营造亲子阅读的氛围,将亲子共读的时间变得更有价值,启发孩子从爱上阅读到学会阅读,让孩子真正享受读书的乐趣,从而在亲子阅读中收获独立的终身阅读的习惯。

图书在版编目(CIP)数据

从爱上阅读到学会阅读 / 杨毅蓉主编. — 上海:
上海交通大学出版社, 2022.6
ISBN 978 − 7 − 313 − 26701 − 6

Ⅰ.①从… Ⅱ.①杨… Ⅲ.①读书方法−少儿读物
Ⅳ.①G792 − 49

中国版本图书馆CIP数据核字 (2022) 第 046940 号

从爱上阅读到学会阅读
CONG AISHANG YUEDU DAO XUEHUI YUEDU

主　　编:杨毅蓉				
出版发行:上海交通大学出版社		地　　址:上海市番禺路951号	
邮政编码:200030		电　　话:021-64071208	
印　　制:上海新艺印刷有限公司		经　　销:全国新华书店	
开　　本:710mm×1000mm　1/16		印　　张:15.75	
字　　数:228千字			
版　　次:2022年6月第1版		印　　次:2022年6月第1次印刷	
书　　号:ISBN 978-7-313-26701-6			
定　　价:68.00元			

《从爱上阅读到学会阅读》
编委会名单

序

读书是永远的

　　近日，读了《从爱上阅读到学会阅读》一书的书稿，让我感觉欣喜。这是一本指导亲子阅读的书，书中也展示了孩子在阅读中感受到的快乐，他们用绘画和文字，生动地表达了对书籍的理解和热爱。这本书的内容非常丰富，对各种不同类型的文体阅读都作了介绍，如绘本、童诗、漫画书、童话、寓言、科普读物、神话、民间故事、史书、小说、散文、传记等，可以说是包罗万象，其中还涉及古今中外很多经典名著。一个孩子，如果在成长过程中能有这么丰富的阅读经验，那是多么好的事情。人类认识世界的方式，除了自己的观察实践和人生经历，最重要的一种就是阅读。有一句谚语，"读什么书，成什么人"，我觉得很有道理。从小读好书，读有价值的书，这是为美好人生打基础。对书的选择，就是对人生的选择。

　　读书的时代，永远也不会结束，因为，对一个有文化的现代知识分子来说，任何知识都不会是多余的，而吸取知识最重要的途径，便是读书——读那些有价值的好书，读那些能给人知识，给人启迪的书。读书能使人了解世界的浩瀚辽阔、人心的幽深博大，也能使人更热爱生命，热爱生活，激发追寻真理、实现理想的欲望和激情。一本好书是一个聪慧坚韧的人用他所有的智慧和毕生的心血追求的成果和结晶，而作为一个读者，我们用几小时或者几天时间，就能了解这一切，这样的好事情，何乐而不为？如果将读书的范围局限于课堂教育规定的范畴，或者只是课本知识的有限补充，那实在是太狭隘了。必须明白一点，我们的课外阅读，大多可能和学校的考试没有直接的关系，但是这样的阅读，对于青少年身心的成长，却是无比的重要。一个不喜欢读书的人，他的精神世界不可能丰富多彩，他的知识积累也不可能渊博厚实。我们说"知识的海洋"，其实也可以说是"书籍的海洋"，每个读书人都应该到这片大海中远航，浏览海上无穷无尽的迷人风光。

仅仅有读书的欲望，恐怕还不行，还有一个怎样读书的问题。作为一个读者，我们不应该是简单的接受者，还应该是一个思想者和参与者。读书的过程，是欣赏和接受的过程，也是思考和感悟的过程。如果能经常用自己的语言记录读书的感想，那将是一件极有意义的事情。当然，读书的过程，也可能是排斥的过程，因为，并不是所有的书都是有价值的，也不是所有的书都是有趣的。古人说"尽信书则不如无书"，很有道理。一个真正的读书人，应该通过自己的思考，判断一本书是否值得读。

我曾经写过一篇短文，题目是《读书是永远的》，谈的是对读书的看法，附录在此，作为本文的结尾吧：

人识了字，最大的实惠和快乐就是读书。书开阔了我的眼界，愉悦了我的身心，陶冶了我的性情，丰富了我的知识，升华了我的精神。不管什么时候，不管在什么地方，不管是什么心情，只要手头有可读的好书，一卷在握，便能沉浸其中，宠辱皆忘。很多年前，我一个人在偏僻的乡村"插队落户"，是书驱散了我的孤独，使我在灰暗的岁月中心存着对未来的希望，保持着对理想的憧憬。在一盏飘摇不定的油灯下，书引我远离封闭和黑暗，向我展现辽阔和光明。因为有了书，那段物质生活极其匮乏的日子变得很充实。我选择读书作为我的生活方式，选择书作为我的人生伴侣，实在是一件明智而幸运的事情。我想，在人类的各种各样的享受中，别的享受都有尽头，读书却是长久的。只要还活着，还能用眼用脑，便能继续读书，继续享用这永不会失去美味的精神佳肴。当然，把读书看作一种享受，须有一个前提，那就是你读的必须是有价值有趣味的好书。

在黑夜里，书是烛火；在孤独中，书是朋友；在喧嚣中，书使人沉静；在困慵时，书给人激情。读书使平淡的生活波涛起伏，读书也使灰暗的人生荧光四溢。有好书作伴，即便在狭小的空间，也能上天入地，振翅远翔，遨游古今。漫长曲折的历史和浩瀚无尽的宇宙，都能融会于心，化作滋养灵魂的清泉。

赵丽宏

2022年2月于四步斋

前　言

如何和孩子一起有效地阅读整本书？

本书在8年大量的实践活动的基础上，科学地总结了一些阅读指导经验和理论，供父母们在亲子阅读中借鉴；也供学校老师进行整本书阅读指导时参考。阅读本书，可以让您全面了解整本书阅读的先进理念，学习和吸收众多一线教师的亲子阅读指导方法。

全书有12讲，分别介绍了内容深浅各异、文体多样的12类图书的亲子阅读方法。各讲之间相互关联，又相对独立，依少年儿童认知水平，由浅入深、由易到难地进行编排，介绍亲子阅读指导方法。让识字不多的孩子起步阅读，然后循序渐进，直至小学毕业前，能基本独立地读完内容较深的人物传记类书籍。

讲述亲子共读指导，自然要有一份书单。本书中列举的各类图书，主要是教育部组织统编的义务教育教科书《语文》"快乐读书吧"中推荐的书目。如三年级的《中国古代寓言》，四年级的《十万个为什么》《中国古代神话》，五年级的《田螺姑娘：中国民间故事精选》和经典名著《红楼梦》等。课堂内外的同步，可以使家庭和学校的教育呼应起来。

亲子阅读贵在读，贵在孩子和大人一起读。读语言，读故事，读出思想，读出情感。整本书，可以从开头读到结尾，也可以选读其中一些有趣的篇目，还可以精读一些，浏览一些，跳读一些。读的方式，随兴而为，不妨是朗读和默读交替着读。

宋人朱熹曾说："余尝谓，读书有三到，谓心到，眼到，口到。……三到之中，心最急。心既到矣，眼口岂不到乎？"现代教育理论也认为读书是五官并用的智力运动，所以，读书也可以在丰富多彩的读书活动中进行，让孩子们动眼、动嘴、动耳、动手和动脑。譬如，对低龄儿童的绘本、童诗阅读指导，我们建议采用读读画画、读读演演、读读比比等学习形式，寓阅读于趣味游戏活动中；又如，对高学段孩子的传记、小说或散文阅读指导，我们设计了"制作读书便签""召开'朗诵会'""举办'读书沙龙'"等趣味读书活动。书中包含近百个读书活动设计，足以调动孩子的阅读积极性，从心理上拉近孩子与图书的距离，让他们兴趣盎然地读书，不再"冷漠"地对待书本。但是，更重要的是我们想借此提升孩子们的阅读思维能力，潜移默化地让他们渐渐懂得"大抵观书先须熟读，使其言皆若出于吾之口。继以精思，使其意皆若出于吾之心，然后可以有得尔"。也就是说，读书要学会"精思"。

亲子阅读贵在疑。孩子在和大人一起读书的时候，会提出各种各样的问题，甚至是大人完全答不出的问题。质疑问难，从生疑、问疑，到探疑、答疑，是一个完整的读书思维过程。这种读书方法自然是要鼓励的。为了支持孩子们的探究精神，我们在编写本书时，还将一些跟读物密切相关的知识内容，分列在"文体阅读指南""关于本书""阅读建议"以及"阅读小贴士"四项栏目里讲解。

"文体阅读指南"简要介绍相关的文体知识。

"关于本书"主要介绍作者、出版社等图书信息。

"阅读建议"是我们根据读物特点，对阅读内容、时间安排和活动形式给出的具体操作建议。

"阅读小贴士"是我们就家长在阅读过程中遇到的一些常见问题，从"如何爱上阅读"和"如何学会阅读"两个角度，给出的看法和建议。

我们接触到的家长群里询问最多的一个问题是：小学五年级的孩子怎

读《红楼梦》？以下是我们就本书中的相关阅读活动给出的阅读建议。

在开展小说《红楼梦》第五次阅读活动——"花签令"时，您不妨作如下思考："花签令"是《红楼梦》中多次出现的游戏，对于故事发展和人物塑造具有不可替代的重要作用；同时，"花签令"也是中国传统文化的组成部分。通过"花签令"的活动形式，可以让孩子们了解中华传统文化，激发孩子们阅读古典小说的兴趣。这些，正是小说《红楼梦》阅读的重要目标。具体活动中，可根据书中的提示，按部就班地进行。

诚然，每个孩子的个体情况不同，适用的方法自然也有差异。我们对于整本书阅读的活动设计，仅供您和孩子参考。无论是活动内容，还是活动时间与活动形式，您都可以根据孩子的实际情况，在阅读活动中作适当的调整。

事实上，亲子阅读是有时段的。孩子长大了，亲子阅读自然会被独立阅读所替代，这也正是亲子阅读所追求的结果。一个人的阅读习惯最终是否能够养成，确实是与儿童时期的亲子阅读质量相关联的。

最后需要说明的是，我们在部分阅读活动后附上了一些学生作品的图片，旨在直观地呈现阅读活动的相关成果，并供读者参考。这些作品均为新世纪小学学生的原创作品，不免有一些错别字等"瑕疵"，在此敬请理解。

祝愿孩子们在亲子阅读中，收获独立的终身阅读的习惯。

杨毅蓉

2022 年 3 月

目　录

第一讲　图画里的大千世界 1

一、绘本阅读指南 1

二、和孩子一起读《鳄鱼怕怕　牙医怕怕》 8

三、和孩子一起阅读《这就是二十四节气》 13

阅读小贴士　做孩子阅读的点灯人 22

第二讲　天空中倒挂的彩虹 23

一、童诗阅读指南 24

二、和孩子一起阅读《梦的门》 30

阅读小贴士　不要吝啬你的掌声 41

第三讲　夸张与幽默的艺术 42

一、漫画书阅读指南 42

二、和孩子一起阅读《父与子》 45

阅读小贴士　成为孩子的阅读伙伴 59

第四讲 孩子心中的秘密花园 60

一、童话阅读指南 60

二、和孩子一起阅读《皮皮鲁传》 66

阅读小贴士 读书也是一种"玩" 81

第五讲 小故事，大道理 82

一、寓言阅读指南 82

二、和孩子一起阅读《中国古代寓言》《伊索寓言》 85

阅读小贴士 尊重孩子的阅读"口味" 97

第六讲 天地有至美，仰观俯察之 98

一、科普读物阅读指南 98

二、和孩子一起阅读《十万个为什么》 102

阅读小贴士 书，就是要读得杂一些 113

第七讲 人类文明最早的曙光 114

一、神话阅读指南 114

二、和孩子一起阅读《中国古代神话》 119

阅读小贴士 静下心来，每天读一点 131

第八讲 扎根沃土，世代相传 132

一、民间故事阅读指南 133

二、和孩子一起阅读《田螺姑娘：中国民间故事精选》 137

阅读小贴士 找到书中的"自己" 150

第九讲　让过去告诉未来 151

　　一、史书阅读指南 152

　　二、和孩子一起阅读《上下五千年》（唐朝） 155

　　　阅读小贴士　不必处处精雕细琢 171

第十讲　生活凝结，小说大道 172

　　一、小说阅读指南 173

　　二、和孩子一起阅读《红楼梦》 178

　　　阅读小贴士　在思考和质疑中读书 193

第十一讲　听，心灵在歌唱 194

　　一、散文阅读指南 195

　　二、和孩子一起阅读《小桔灯》 200

　　　阅读小贴士　怎样才能"活"读书 211

第十二讲　星光熠熠伴我行 212

　　一、传记阅读指南 212

　　二、和孩子一起阅读《假如给我三天光明》 217

　　　阅读小贴士　用好读书"小工具" 230

后记 231

第一讲
图画里的大千世界

绘本，是许多儿童人生中的第一本图书，对儿童的发展具有独特的价值。它能够让孩子从此爱上阅读，帮助孩子打开阅读的大门。

随着亲子阅读活动的普及，绘本越来越展示出它迷人的魅力：它不光让孩子进入了一个陌生而神奇的广阔世界，更重要的是，绘本教会孩子如何去感受生活，给人生增添了无数可能，帮助孩子开启幸福的人生。

作为"亲子感情的脐带"，绘本，还拉近了大人与孩子之间的距离，给小小的家增添了一缕书香，一脉亲情，一室快乐与温馨。

翻开第一本绘本，世界，就在孩子面前徐徐展开……

一、绘本阅读指南

什么是绘本

绘本，就是"画"出来的书。它一般指以绘画为主，并附有少量文字的书籍。绘本是孩子最早接触的文学作品形式，也是大多数家庭首选的儿童

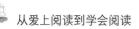

读物。

绘本，作为孩童触摸到的第一本读物，它的意义不可谓不大：它打开了孩子了解世界的窗口，它激发了孩子阅读图画与文字的兴趣，它帮助孩子养成了良好的阅读习惯……阅读绘本对于培养孩子的认知能力、观察能力、想象力、创造力及情感发展等，都有着潜移默化的影响。

绘本不等于"有画的书"，它是一种独立的图书形式，基本是以精致优美的绘画配上简炼生动的语言构成的儿童文学作品。它强调图与文的内在关系，通过图文合奏的形式来叙述一个完整的故事。在绘本里，图画与文字共同担当讲故事的重要角色，图画不再是文字的附庸，而是图书的灵魂。

为什么要读绘本

培养兴趣

一年级的孩子识字还不多，直观而形象的绘本画面精美、色彩鲜明，很容易吸引孩子的注意力，这正好也符合孩子形象思维的特点。此外，图片能给人以丰富的视觉感受，也容易拉近孩子与绘本的距离，一幅幅充满趣味的图画，就是吸引孩子目光的"磁石"。在愉快的赏图过程中，孩子们轻松地理解了故事内容。

除了图画，绘本的故事篇幅不长，语言风趣活泼，同样能激发孩子的阅读兴趣。大人绘声绘色地读绘本故事，孩子边听边欣赏图画，这么温馨的亲子阅读时光，多少年后回忆起都会是很美好的。

儿童心理学研究表明，孩子认知图形的能力从年纪很小的时候就开始慢慢养成。所以，在孩子几个月大的时候，大人就可以每天花十到二十分钟陪孩子一起阅读绘本，从小培养孩子的阅读兴趣和阅读习惯。

丰富情感

绘本对于孩子来说像是一颗草莓，不仅色彩鲜艳，而且营养丰富。读绘本，能够激发孩子内心的真善美。在阅读绘本的过程中，孩子们经常得到这些美好情感的体验，他们的情感也会变得丰富细腻起来。

喜欢绘本的孩子，他们的心灵会更加充盈，他们的脸上会多几丝笑容，他们在举手投足间会多几分自信……更重要的是，多年以后，当他们回忆起和爸爸妈妈一起读绘本的时刻，一丝愉悦会从心底升起，温暖他们的整个胸怀。

激发想象

在儿童的成长过程中，想象力是不可或缺的。绘本中多样的形象、丰富的情节、有趣的故事可以增加儿童的体验，而体验就是想象力的源泉。

当孩子阅读到那些精美的图画时，他可能会按照自己的想象把故事串联起来，还可能会把自己想象成绘本中的某个角色，在经历着那些不可思议的旅程。即使书看完了，他的脑海里可能还会时常浮现那些故事中的画面，想象那些令人难忘的故事人物和故事情节。

相比文字，图片或符号更能激发孩子丰富的想象力和创造力。即使是语言表达还不够流利的孩子，当他看到一张图片时，也可以进行天马行空的想象，可以用自己的语言去描述它，形容它，大一点的孩子还可以据此改编故事。这样，每个孩子看到的故事都是不同的，从中所体会到的快乐也不同。

丰富语言

绘本是面向儿童的图书，为了便于儿童理解，绘本语言必须风趣活泼，符合孩子们的语言习惯和认知特点。阅读绘本，可以学习绘本中生动的形象、富有感染力的语言，帮助孩子从已有的口头语言拓展到相对规范的书面语言，提升他们的语言表达能力。

绘本可以读些什么

读故事

绘本，主要通过图画和文字来叙述一个完整的故事。孩子读绘本，就是在读一个个故事，读故事中蕴涵的道理。

如绘本《田鼠阿佛》，就是通过一个个生动的画面给孩子讲故事。

画面一：四只小田鼠为了过冬忙着采集食物，唯独田鼠阿佛独自坐在一旁。

画面二：别人问他在干什么，田鼠阿佛宣称他在采集另外三样东西——"阳光""颜色"和"字"。

画面三：漫长的冬天还看不到头，田鼠们的食物却即将耗尽，大家的情绪非常低落。

画面四：这时候，阿佛给大家带来了他采集到的"阳光""颜色"和"字"，使大家感受到了别样的温暖、快乐和诗意。

画面五：四只小田鼠拍手喝彩："阿佛，你是个诗人哪！"

绘本开头的几个画面，都让人们对阿佛的举动感到十分不解：他在干什么？他收集这三样东西有什么用？然而随着故事的发展，绘本告诉我们，在这个世界上，还有一种非常重要的东西——精神力量，它可以帮助我们战胜饥饿、寒冷。故事想要传达的思想，就落在这只与众不同的田鼠身上。阅读这样的绘本，就是在读一个个生动有趣的故事，并从中领悟到故事中蕴涵的道理。

读细节

绘本的一幅幅图画中，或多或少都会隐藏一些作者刻意布设的重要细节，如细微的表情、动作，人物身上的某个配饰，家里的某个小小物件……读这些细节时，有时会觉得发噱好笑，有时会顿悟藏在细节中的道理。在亲子阅读中，要有意识地引导孩子去关注细节，体味细节的妙处。

例如维吉尼亚·李·伯顿的绘本《小房子》的第7页，在乡间的田园中矗立着一座小房子，它看上去是那么的开心：两扇窗户、一扇门和两个台阶，组成了一张"笑脸"。而到了第31页，小房子的门窗破旧了，"嘴角"歪斜着，"表情"显得非常落寞和难过。读懂了这些"表情"细节，才能明白故事的内涵，才能理解小房子被城市重重"围裹"的困惑和痛苦。对于城市发展与环境保护这个主题，作者并没有刻意地去表达，而是通过小房子

"表情"的细节变化，让读者自己去慢慢体会。

读想象

绘本中的图画，大都留有无限的想象空间。

在无字绘本《七号梦工厂》中，图画与图画之间有大量的留白。如故事描写小男孩与云朵第一次相遇时，画面突然一转：小男孩的围巾、手套和帽子都穿戴在了云朵身上，这是怎么发生的呢？中间的画面就需要读者发挥想象去补充了。

再如绘本《魔法面粉》中的故事：某一天，男孩子们居然把所有能变成恐龙的魔法面粉统统倒进了小河！天哪，静静的小河将会发生怎样的变化？有多少只恐龙会从里面爬出来？除了恐龙，河里还会涌出哪些怪兽呢？画面留给孩子们巨大的想象空间，可以供他们驰骋想象。

读情感

绘本故事包罗万象，每个故事中都蕴含着丰富的情感。读绘本，就是要引导孩子读出绘本中传递的情感，增强孩子的情感体验，培养孩子优秀的情感品质。

例如绘本《我有友情要出租》，故事中的大猩猩因为没有朋友而备感寂寞，于是，他开始"出租"友情。某一天，同样没有玩伴的咪咪来到了这里，出钱租下大猩猩的友情，和他一起玩。在和咪咪玩耍的过程中，大猩猩感受到了友情带给自己的快乐，决定不再收咪咪的钱了。谁知有一天，当大猩猩再去找咪咪玩时，却发现咪咪坐上汽车离开了。大猩猩依依不舍，一路追赶着跑到山顶，望着渐渐远去的汽车……

阅读这个故事时，我们可以引导孩子这样思考：大猩猩为什么要"出租"友情？在和咪咪玩耍的过程中，大猩猩为什么悄悄拨倒了计时的沙漏？当咪咪离开时，大猩猩又为什么怅然若失？在思考和交流的过程中，孩子们自然就会感受到咪咪和大猩猩之间的深厚情谊，感悟友情对于每一个人的重要意义。

绘本可以怎么读

读图为先，图文互补

图画是另一种语言，它能够让孩子一下子进入故事情境，了解故事环境及各色人物。

"读图为先"，是指根据孩子的阅读习惯，把"读图"始终放在最重要的位置上。孩子本来就喜欢看图，先映入他们眼帘的总是那些绚丽的图画，我们不妨顺其自然，让孩子们先去关注图片。图读完了，绘本的主要意思自然也就基本领会了。

在绘本中，画面呈现的是一个个故事情节的瞬间定格，而定格之前和之后的故事，通常都要通过想象来补充。这时候，文字就可以补充画面的不足，提示孩子去想象和补充。

仔细观察，发现细节

绘本中的细节俯拾皆是，它们往往隐藏在人们不易察觉的角落里。

如安东尼·布朗的绘本《我爸爸》，故事中，爸爸一直穿着那身黄褐色格子的睡袍，连化身为一条游鱼时也不例外，就连这本书环衬上的图案，都是"我爸爸"身上那件睡袍的一个小小的局部……这些细节，都表明了"我爸爸"的这件睡袍给作者留下了多么深刻的印象。而爸爸给孩子带来的温暖和爱，可以在最后一页的细节中读出来——此时，爸爸的睡衣纽扣变成了一个小太阳，就如冬日的太阳，暖人心窝。

再来看看经典绘本《猜猜我有多爱你》。这本书实际上有两张扉页，第一张是单页，第二张是带版权页的跨页。在第一张扉页上，作者画了一只小兔子骑在一只大兔子的脖子上，这时的大兔子是静止不动的。当翻过这一页，你会看到三幅充满动感的小图——大兔子背着小兔子扬起了后腿、准备起跳、猛地往斜上方一蹿，这其实是一个连贯的起跳动作——这一跳，两只兔子就跳到了后面的正文里……

经典的绘本或多或少都有这样独具匠心的设计，关键看你有没有一双善于发现的眼睛。要想做到这一点，爸爸妈妈首先要静下心来一遍一遍地用心去读绘本，才能读懂绘本中那些打动人心的地方，再引导孩子去发现。

角色体验，情感代入

阅读故事性较强的绘本时，可以让孩子融入故事情境中，演绎故事里的某个角色，"亲历"故事人物的奇幻历程，体会故事人物的喜怒哀乐。对于这样的角色体验，孩子们一定会觉得非常有趣，也能更加深切地感受绘本中故事人物的情感。

如亲子阅读李维·宾福德的绘本《大黑狗》时，家长可以引导孩子，把自己想象成故事里的小点点，体验这样一次奇特的经历：

一个下雪的冬天，门外突然来了一条硕大无比的大黑狗，一家人吓得躲在了门后。

小点点开门出去，在大黑狗面前真的就像一个小点。

小点点一边唱着歌，一边带着大黑狗穿过了一片矮树林。

小点点领着大黑狗去钻桥洞，滑过冰面……大黑狗的身躯一点一点地变小，最后，竟然从小点点家的狗洞里钻了进去……

体验绘本中的故事角色，让孩子一步一步去"征服"令人骇惧的大黑狗，能让孩子在阅读时仿佛身临其境，并且充分感受阅读的喜悦。

联系生活，迁移运用

绘本，是孩子们触摸世界的第一根"拐杖"。孩子们在绘本中获得的认知和学到的本领，都可以迁移运用到实际生活中。比如在阅读绘本《蚯蚓的日记》以后，家长就可以让孩子去观察大自然中的蚯蚓，了解蚯蚓的习性，还可以让孩子模仿绘本中的蚯蚓男孩，写一写、画一画、贴一贴，创作属于自己的小日记。

再如读《爷爷一定有办法》时，不仅可以学习故事中爷爷的生活智慧，让家里的东西"变废为宝""物尽其用"，还可以学习爷爷热爱生活、勤俭节约的优秀品质，学习他无论遇到什么难题，都"一定有办法"去解决的心态。

总之，使故事中的内容和生活产生联结，把书中所学运用于实际生活中，这既是一种重要的读书方法，也是帮助孩子茁壮成长的"秘钥良方"。

二、 和孩子一起读《鳄鱼怕怕　牙医怕怕》

📖 关于《鳄鱼怕怕　牙医怕怕》

《鳄鱼怕怕　牙医怕怕》是日本著名绘本作家五味太郎的作品，由上谊编辑部翻译，明天出版社出版。

《鳄鱼怕怕　牙医怕怕》讲述的是小鳄鱼去看牙医的故事。鳄鱼怕见牙医，但却非见不可，因为他得治疗蛀牙；牙医怕见鳄鱼，但也非见不可，因为这是他的工作。在共同的努力下，他们都战胜了内心的恐惧，勇敢地面对挑战，终于完成了各自的任务。

本书最大的特点，是用重复的语句，将鳄鱼和牙医在故事中的心理变化，通过戏剧性的方式呈现出来。鳄鱼和牙医都害怕对方，可一颗小小的蛀牙却将他们紧紧联系在一起，其中强烈的冲突，不禁让人捧腹。

作为日本童书界最有创意的作家之一，五味太郎在绘本设计上常有别出心裁之举。本书没有标注页码，共有16个跨页（画面内容跨过第一页，直接到第二页）。仅最后一个跨页的右半部分是一片空白，却是作者有意为之，为的是留给读者更多的想象空间。

📖 为什么读《鳄鱼怕怕　牙医怕怕》

这是一本值得品味的绘本。整本书的故事情节并不复杂，但是每一页、每幅画都值得细细观察品读。从跨页布局到画面之间的联系，从人物表情到环境布置……在一个个细节中，你可以发现作者五味太郎许多匠心独具的创意，体会他独树一帜的幽默风格。

这是一本具有教育意义的绘本。通过阅读，孩子们或许会在欢笑中受到各种启发：比如怎样勇敢面对挑战；比如怎样养成卫生习惯，坚持天天刷牙；等等。

📖《鳄鱼怕怕　牙医怕怕》阅读建议

1. 打造温馨的阅读空间

书房不求过大，但要温馨；书不必太多，但最好触手可及；房间内充足的光照很重要，阅读的同时也要保护好视力。

2. 保持愉悦的阅读心情

开始读书前，父母与孩子都需要调整好情绪，全身心投入阅读活动，切忌带着"考孩子"或"学知识"的心态开始阅读。

3. 开展两次亲子共读活动

活动一　分角色读一读，演一演

活动二　画一画不同心情的"眼睛"

📖《鳄鱼怕怕　牙医怕怕》亲子阅读活动

阅读活动一　分角色读一读，演一演

在读中玩，在玩中读，充分培养孩子的阅读兴趣。本次活动，我们将带着孩子一边看图，一边读故事，了解故事的来龙去脉，读出故事中的有趣之处。最后，用"演一演"的方式展示孩子的阅读成果。

步骤 1. 阅读封面、封底，交流了解到的信息。

交流提示

家长可以借助阅读绘本的封面、封底，教会孩子如何认识一本书。本书的封面，印有书名、作者、出版社等信息；封底印有故事概

要、图书价格等信息。对于刚开始阅读绘本的小朋友来说，在读书之前学会观察封面、封底，是养成良好阅读习惯的开始。

本书的封面和封底，还暗藏了很多不易察觉的信息。比如封面中鳄鱼和牙医的位置：鳄鱼在左，牙医在右。看似随意，实则是有意安排——书里所有的跨页，都是这样的布局设计。

当然，家长不必将这些信息一股脑地说给孩子听。阅读时要善于启发，引导孩子自己去寻找、发现。

步骤2. 亲子分角色朗读绘本故事，交流彼此的发现。

交流提示

整个故事分为三部分：

治疗前（跨页1～6）

治疗中（跨页7～13）

治疗后（跨页14～16）

建议家长与孩子各自选择一个角色，逐页朗读绘本。

共读的过程中，家长可以和孩子聊一聊："你读懂了什么？是从哪里读懂的？""你感受到什么？如果你是故事里的人物，你会怎么做？"帮助孩子读懂画面。

阅读"治疗前"时，可重点观察牙医和鳄鱼的表情、动作及牙医手中的道具，体会他们内心的"怕"。

阅读"治疗中"时，可重点观察牙医和鳄鱼是如何不断为自己打气，克服内心恐惧的。

阅读"治疗后"时，可重点体会牙医和鳄鱼在完成任务后的复杂心情——既感谢对方，又不想和对方再见面。

为增加朗读的趣味性，家长和孩子可随时互换角色。

步骤 3.演一演绘本故事。

【温馨提示】

表演时，家长一定要积极投入，这样才能激发孩子的表现欲。

鼓励孩子发挥想象，在表演中加上恰当的表情和动作。

表演结束后，相互点评一下。对孩子的表现，一定要善于发现"闪光点"。

阅读活动二　画一画不同心情的"眼睛"

眼睛是心灵的窗户。如何让孩子通过"眼睛"读懂故事里鳄鱼和牙医的心情变化呢？本次活动，就将带着孩子再读绘本，关注图画中鳄鱼和牙医的眼神变化，并通过"画一画"的活动方式，体会他们当时的心情。

步骤 1.亲子共读绘本。

步骤 2.逐页找找鳄鱼、牙医眼睛的变化，说说不同形状的眼睛所代表的不同心情。

交流提示

跨页1：小鳄鱼耷拉着眼皮，低垂着眼角——因受牙痛困扰，感觉非常痛苦。

跨页2：小鳄鱼眼角垂得更低了——不仅牙疼，心中还充满了紧张、焦虑。

跨页3：牙医耷拉着眼皮，视线朝着大门方向——有不速之客，忧心忡忡。

跨页4：他们的眼睛瞪得滚圆——看到对方，一下子惊呆了！

仔细观察，发现他们虽然表情一样，但是视线聚焦的位置并不一样：鳄鱼的视线向下，盯着牙医手里的电钻和大钳子；牙医的视线向前，盯着鳄鱼的满口尖牙。

跨页7：他们眼珠眯成一条缝，眼角朝上——内心暗暗下定决心。

跨页9：他们眼珠成了不规则的星状——实在太疼了！

跨页10：他们眼角向上，瞪着对方，眼角下方还有一滴眼泪——又痛又气！

跨页13：他们眼角向下，眼珠弯成了弧形——心中充满了成功的喜悦！

跨页15：小鳄鱼的视线和身体朝向不一致——显然心中另有想法。

跨页16：小鳄鱼眼角朝上，眼睛瞪得大大的——心中暗暗起誓。

步骤3. 根据文字提示，画一画鳄鱼或牙医的眼睛，说说不同的眼睛各自代表了他们怎样的心情（见图1-1）。

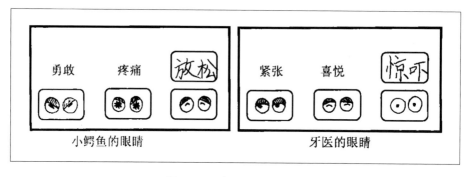

图1-1 鳄鱼和牙医的眼睛

【温馨提示】

本书中的小鳄鱼和牙医形象拙朴，充满童趣，深受孩子们的喜爱。画家在绘画时非常注重细节描绘，尤其是通过眼睛的各种变化，把鳄鱼和牙医的心理活动细致入微地展现出来，让人忍俊不禁。

阅读绘本时，就是要引导孩子寻找、发现、品味这些图画中的细节，才能读出绘本的"三味"。

三、 和孩子一起阅读《这就是二十四节气》

📖 关于《这就是二十四节气》

《这就是二十四节气》，是一套画给孩子的自然科普绘本，由海豚出版社出版。全书以小女孩牙牙在爷爷家的经历为主线，用故事的形式讲述二十四节气的相关知识。

整套书分《春》《夏》《秋》《冬》4册，每册分别介绍6个节气，讲述了与二十四节气相关的天文、气象、物候、民俗活动等知识，曾荣获中国科普作家协会"优秀科普作品奖"及中国图书馆学会"2016年全国最美绘本"等奖项。

📖 为什么读《这就是二十四节气》

绘本以中国黄河中下游地区某村落为例，讲述了一年二十四节气中所呈现的特有的天文、气象、物候、人事、民俗特征。绘本形象地告诉孩子们，无论生活如何变化，我们都应该关注农村，关注最纯的自然，关注我们食物的最初来源，同时也让孩子了解，大自然也有自己的语言，它会通过天文、气象、植物、动物等告诉我们自然的秘密。

本套绘本中还有许多关于节气的诗词、谚语，值得孩子在阅读中积累。阅读本书，也有利于孩子了解中国传统文化，培养探索自然科学的兴趣。

📖《这就是二十四节气》阅读建议

《这就是二十四节气》主要描写的是我国黄河中下游地区的物候与气候。书中描述的节气特征，对于其他地域特别是南方地区的孩子来说，或许不太熟悉和了解。但足不出户而知世界之奇，恰恰正是阅读的魅力所在。

本套丛书文字较多，内容较深，还有许多专业知识。因此，本套丛书适

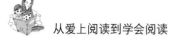

合识字量较多的孩子阅读，在阅读过程中，家长要给予孩子一定的帮助。

丛书分春、夏、秋、冬四本分册，为了增加时令体验，建议家长选择当季的分册开始阅读。这样，可以基于孩子的认知，引导孩子将生活与阅读联系起来，也有助于培养孩子观察自然、认识自然的能力。

丛书四个分册的排版基本相同，每一分册介绍6个节气，对每个节气的介绍主要由"牙牙在爷爷家的故事""节气的气候特征""节气中动植物的变化"以及"节气的民俗及农事活动"四个部分组成。

阅读过程中，建议开展五次亲子阅读活动：

活动一　玩转"二十四节气"罗盘

活动二　当回气象"小喇叭"

活动三　玩玩"斗蛋"小游戏

活动四　小小诗歌会

活动五　玩玩"节气飞行棋"

《这就是二十四节气》亲子阅读活动

阅读活动一　玩转"二十四节气"罗盘

正式阅读这套丛书前，可先让孩子们随意翻翻、看看，让他们对这套丛书有个初步的了解，再一起玩玩"二十四节气"罗盘，让孩子们认识二十四节气的名称，知道二十四节气所对应的季节，以及二十四节气与公历月份之间的联系。

步骤1. 浏览本套丛书各本分册的封面、封底、环衬、扉页等，通过交流，发现这四本分册的异同。

> **交流提示**
>
> 四本分册的排版基本相同，但内容却有不同：

> 　　四本分册的封面图描绘的分别是春、夏、秋、冬四个季节的田园风光。
>
> 　　四本分册的封底插图描绘的分别是代表春、夏、秋、冬四个季节的植物。
>
> 　　四本分册的扉页插图描绘的分别是代表春、夏、秋、冬四个季节的植物或鸟类。

　　步骤2. 欣赏封面图画，认识封底和扉页上的动植物，并了解它们分别代表什么季节。

交流提示

> 　　封底有：海棠（春）　半夏（夏）　丹桂（秋）　腊梅（冬）
>
> 　　扉页有：燕子（春）　青梅（夏）　高粱（秋）　腊梅（冬）

　　步骤3. 朗读、学唱《二十四节气歌》。

　　步骤4. 阅读分册《春》第一页，认识古人发明的二十四节气罗盘，学习二十四节气的名称，知道二十四节气对应的公历月份。

　　步骤5. 玩玩"二十四节气"罗盘。

【温馨提示】

　　关于步骤4：《二十四节气歌》短短28字，包含了二十四个节气。其中"暑"包括小暑和大暑两个节气，"雪"和"寒"包括小雪、大雪、小寒、大寒四个节气。

　　关于步骤5：以罗盘上的节气知识作为亲子活动的竞赛内容。一人用手指着罗盘上的某一节气，大声说出节气名称。另一人则在罗盘上找到该节气对应的公历月份。为加深印象，增添乐趣，建议双方身份相互交替，玩转节

气罗盘。

另：受"闰月"等因素影响，节气和公历月份之间只是基本对应的关系。

阅读活动二 当回气象"小喇叭"

本次活动，我们将阅读《这就是二十四节气·春》，并以其中的"惊蛰"节气为例，通过气象播报的形式，让孩子们更好地了解"惊蛰"节气与动植物之间的联系。

在当气象"小喇叭"之前，先要带孩子一起去熟悉"惊蛰"节气，了解"惊蛰"这个节气中动植物的变化。

活动之前，建议给孩子做一个"小喇叭"道具。

步骤1. 翻阅《这就是二十四节气·春》，数一数春季有几个节气，说说每个节气的名称。

步骤2. 亲子共读"惊蛰"这部分的内容，了解"惊蛰"这一名词的含义。

步骤3. 寻找"惊蛰"节气中动植物变化的有关信息，并进行交流。

> **交流提示**
>
> 惊蛰节气的动植物变化，主要围绕"桃花盛开、动物苏醒、黄鹂鸣叫"三方面展开。

步骤4. 选择一种动物或植物，熟读相关的内容。

步骤5. 扮演一种动物或植物，当一回气象"小喇叭"。

【温馨提示】

气象"小喇叭"，其实是森林广播员的一场模仿秀。这位森林广播员，建议由可爱的孩子担任。播报信息时，孩子将模拟绘本中某种动物或植物的语气，从动植物的视角播报"惊蛰"当天的森林气象。

广播气象需要撰写广播稿。广播稿应做到内容准确，层次清晰。首先，可做一番自我介绍（即开场白），接着播报"今日气象"的主要内容，最后的结束语，可对森林"小伙伴"们做些温馨提示。

播报信息时，语言应通俗易懂，口齿应清晰流利。

对于气象"小喇叭"的广播稿，建议孩子参照绘本中"桃花开""动物苏醒"等片段内容，在原稿基础上做适当改编。

为增加广播的现场效果，提醒孩子拿上"小喇叭"道具进行广播，家长收听气象广播时应保持专注。无论孩子的模仿秀是否成功，家长都应给予热情鼓励。

知 识 卡 片

惊蛰，又名"启蛰"，是天气回暖、春雷始鸣的意思。所谓"春雷惊百虫"，即春雷惊醒蛰伏于地下越冬的蛰虫。从我国各地自然物候、气候进程看，"惊蛰始雷"仅与我国南方部分地区的自然节律相吻合。

阅读活动三 玩玩"斗蛋"小游戏

你知道"立夏"吗？你知道"斗蛋"游戏吗？本次活动，让我们先浏览一下《这就是二十四节气·夏》，重点阅读"立夏"这部分内容，了解"立夏"期间的民俗及农事活动，然后玩玩立夏"斗蛋"游戏。这样的活动设计，你期待吗？

活动前，准备几个煮熟的鹅蛋或鸭蛋。

步骤1. 翻阅《这就是二十四节气·夏》，数一数夏季共有几个节气，说一说每个节气的名称。

步骤2. 亲子共读"立夏"这部分内容，交流与"立夏"节气相关的物候、民俗及农事活动。

交流提示

　　立夏节气的物候：蚯蚓排上地面、青蛙"呱呱"叫、芍药开花等。

　　立夏节气的民俗：挂蛋、斗蛋等。

　　立夏节气的农事：喷洒农药，对玉米、豆子、棉花等植物需要及时浇水和锄草。

步骤3. 亲子阅读"立夏挂蛋"民间习俗，了解"斗蛋"的游戏规则。

步骤4. 玩一玩"斗蛋"游戏。

【温馨提示】

　　想要"斗蛋"获胜，挑选一枚好蛋特别重要。

　　"斗蛋"前，建议和孩子一起将煮熟的蛋"美化"一下，给即将"出征的将军"画几道"脸谱"。

　　"斗蛋"规则：游戏双方各持一蛋对击，蛋壳坚而不碎者获胜，几轮比试后，最终的胜者可被尊为"蛋王"。

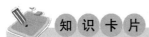

知 识 卡 片

　　作为一种节令习俗，"立夏蛋"有它的传统意义。根据中国传统医学理论，夏季宜养心，人们认为"心如宿卵"，在夏天到来的时候吃蛋，作用是"挂心"。因此，过去的民间俗谚会这样说："立夏吃了蛋，力气大一万。"

阅读活动四　小小诗歌会

　　本套丛书中的每个节气都配有相应的古诗。本次活动，将以《这就是二十四节气·秋》为例，借助家庭诗歌会的形式，让孩子们了解有关秋天的古诗，增加古诗词的阅读积累。

步骤1.亲子共读《这就是二十四节气·秋》，数一数，秋季有几个节气，说说每个节气的名称。

步骤2.朗读秋天每个节气中的古诗，了解诗歌的大致意思。

交流提示

本册每一个节气至少配有一首古诗，共有7首。其中几首古诗对孩子来说有一定难度，建议读读即可。

另有几首诗比较浅显，建议不仅让孩子读读背背，还可以引导孩子关注思考："诗中描写了哪些景物？""这些景物与时令节气有什么联系？""诗中反映了时令节气的哪些特征？"

比如白居易的《池上》前四句："袅袅凉风动，凄凄寒露零。兰衰花始白，荷破叶犹青。"依次描写了凉风、寒露、兰花、荷花（叶）等景物，写出了它们凋敝衰弱的季节特点。

步骤3.让孩子选择几首自己喜欢的古诗，熟读成诵。

步骤4.举行家庭"小小诗歌会"。

【温馨提示】

对孩子们来说，本册书中的7首古诗有一定的难度。因此，在本次家庭诗歌会上，孩子可以选择书中的古诗，也可以选择书外熟悉的古诗。

在家庭诗歌会进行时，可以播放合适的音乐，营造一种书香氛围，带孩子进入诗歌的意境中。

阅读活动五　玩玩"节气飞行棋"

本次活动应在阅读完《这就是二十四节气·冬》之后进行。游戏，是儿童认识这个世界的重要途径。在做游戏时，儿童的认识、记忆、思维、有意注意等往往都处于最好的状态。这是因为，在松弛、欢快的游戏情境下，儿童的主动性、想象力和创造欲更容易被激发。

那就带着孩子一起畅玩游戏吧！在游戏中一起了解冬季的6个节气。

步骤1. 一起翻阅《这就是二十四节气·冬》，数一数冬季有几个节气，说说每个节气的名称。

步骤2. 阅读最后一页，认识棋盘上的每一个插画，并在书中找到相应的内容读一读，了解棋盘上的插画所代表的意思。

交流提示

A入口　图1：兰花，与梅花、竹子、菊花并称为"四君子"。

B入口　图1：麋鹿，俗称为"四不像"，是世界珍稀动物。

A入口　图5：腊肉，民间美食。通常在农历腊月进行腌制。

B入口　图5：刺猬，冬天会冬眠。它缩进洞里，蜷着身子，不吃也不动。

步骤3. 阅读最后一页"谁拿到金雪花"，了解游戏规则，玩玩"节气飞行棋"。

【温馨提示】

为便于孩子理解，我们为最后的"金雪花"游戏冠以"节气飞行棋"之名。游戏规则较简单，书上有明确标注。

多次进行游戏活动，可以加深孩子对冬季6个节气的气候、物候及时令民俗等相关知识的了解。

游戏不以输赢为主要目的，重要的是玩出快乐，玩出趣味。

结　语

有人说，绘本不是让孩子自己看的书，而是让家长念给孩子听的书。

翻开绘本中的一个个神奇画面，你不知道，你其实是给孩子打开了一扇了解这个世界的大门。

讲述绘本中的一个个动人故事，你不知道，你的声音对孩子的成长具有怎样不可替代的重要意义。

绘本就是如此有趣，如一块巨大的磁石，牢牢吸引住孩子的目光。

绘本就是如此神奇，像一条无形的纽带，将您和孩子紧密联系在一起。

时光荏苒，岁月流逝。若干年后，孩子或许不再记得绘本中的那些故事内容，但他一定记得，和您一起阅读时的那份温馨与快乐，还有当初那个"读书人"留在他心底的最温柔的声音。

做孩子阅读的点灯人

李利啊

我愿意跟你一起去巡夜

把一盏盏街灯点燃!

在苏格兰诗人史蒂芬森的儿童诗《点灯的人》中,有一个点灯人叫李利。每天,在太阳落山后,他都会扛着一把梯子把街灯逐一点亮。他的工作平凡至极,然而在孩子们眼中,却是如此的诗意美好,以至于成为他们的梦想。

因为这首诗歌,点灯人也成为一个有名的比喻——比喻那些把世界点亮的人。

亲爱的家长,您知道吗?您就是孩子生命中的第一个点灯人。

当您带着孩子一起打开第一本书时,您就在孩子面前为他开启了一个全新的世界;当您的孩子爱上阅读,他将同时学会爱自己,爱他人,爱生命,爱世界。

当您声情并茂地朗读一首童诗,绘声绘色地叙述一个绘本故事……其实,您是在用情绪感染着孩子。

如果,您相信世上有美好,孩子自然也会相信;如果,您相信世界有童话,那么,孩子也会相信世界上有美丽的童话!

榜样的力量是无穷的,您无声的行动就是最好的教育。父母良好的阅读习惯和阅读品位,对孩子的影响是不言而喻的。当您用热爱读书的实际行动给孩子做出表率时,您就在孩子的心中埋下了一颗爱读书的种子。请相信这种力量——小时候的阅读能力,甚至可以决定人生的高度。

亲爱的家长,您就是那个点亮那盏灯的人啊。您点亮的,不仅是辽阔的阅读世界,还是孩子精彩而丰满的人生。

第二讲
天空中倒挂的彩虹

孩子的世界
就像是天空中
倒挂的彩虹

孩子坐在彩虹桥里
对你微笑时
你的整个世界
都亮了

亲爱的读者，欢迎来到童诗的美好世界！

在孩子的眼中，童诗是美丽的，如彩虹一般；童诗是奇特的，能倒挂着悬在空中。儿童诗，是那么的亲切，那么的美好，它独特的魔力，可以点亮您和孩子平凡的生活，平凡的世界。

还等什么，让我们一起插上想象的翅膀，飞向天空中倒挂的"彩虹"，一同领略童诗的趣味多姿，绚丽美好。

一、 童诗阅读指南

什么是童诗

> 大自然里藏着诗,
> 生活里也长着诗。
> 你若问我,童诗是什么?
> 我只能说——
> 童诗就是可爱,
> 童诗就是美好!

童诗,是指以儿童为主体接受对象,适合儿童聆听、吟诵、阅读的诗歌。所以,它在创作风格和形式上应尽量符合儿童的心理和审美特点。

童诗可以从不同的角度进行分类。从表现手段的角度看,儿童诗可分为抒情诗和叙事诗两大类。从押韵、分行的角度看,又可分为韵律体诗和散文体诗两大类。但由于童诗的涵盖面比较广,常常以诗的外壳包容儿童文学其他样式和内容。因此,又可以把儿童诗分为童话诗、寓言诗、科学诗、故事诗、讽刺诗、题画诗等。

童谣也是童诗的一种,它是传唱于儿童之口,没有乐谱而音节和谐的简短歌谣。凡是儿童乐于接受或模仿且活跃于儿童口耳之间的歌谣,都可以视为童谣。作为幼年不可或缺的精神食粮,童谣常常给人留下深刻的印象,乃至鬓发斑白时,人们仍能记起儿时吟唱过的那些歌谣。

为什么要读童诗

> 没有一个人
> 不需要被"治愈"
> 当人,有了喜怒哀乐

便寻求

心灵的慰藉

苏霍姆林斯基说："不能设想一个真正的人没有情感。实际上，教育就是从培养真诚的关切之情——即对周围世界所发生的一切都会由衷地作出思想和情感上的反响——开始的。"

童诗对儿童的心灵启迪作用是巨大的：它有利于儿童的情感陶冶，能帮助儿童发展想象力和感知周围的世界，尤其在培养儿童健康的审美意识和艺术鉴赏力上能发挥独特的作用。

几乎所有的儿童都喜欢诗歌，他们对于生活的好奇心理，对于美的探寻和感受，特别是对于事物的丰富想象力，和对于语言音乐性的超强感受力，使他们从小就与诗有一种天然的联系，他们是"天生的诗人"。

童诗表达了诗人对社会生活的独特感受，带有浓重的感情色彩，特别是抒情诗。孩子读童诗，也常会把自己当作"抒情主人公"，读着读着，心灵就会荡漾起来，情绪就会洋溢起来。

从内容题材上看，童诗大多反映儿童的生活情趣。一滴雨、一条小路、一朵小花……生活中看似平凡的事物，在童诗中却都那么可爱，都可以变成细碎的美好。从形式上看，童诗一般都比较短小，句式多样、富有变化，节奏鲜明，朗朗上口，易念、易记、易传。

读童诗是一种文学趣味，这种趣味几乎是与生俱来的。一个孩子诞生到这个世界上，他会本能地被那些有韵律的声音吸引。虽然，那时的他还不懂得那些声音的意义，但在他的耳朵里，声音比意义重要。诗就是这样"先声夺人"的，诗就从这一刻开始，走进了人的一生。

在读诗的过程中，孩子们会感受到诗歌的意境美，感受到那种如音乐般拨动心弦的细微颤动，那种如绘画般情景交融的感受，那种如歌如舞陶陶然的情感共鸣。这些感染力，更加凸显了童诗阅读的独特魅力。

读童诗能培养一个人的良好气质。对于幼儿来说，韵律帮助他们发展听觉，培养语感；童诗的明朗和情趣，又可以培养他们乐观开朗的性格和幽默

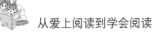

感；童诗中抒情化的语言，可以丰富孩子们的感情，使他们在品味诗歌的过程中，内心世界变得更细腻柔软。

亲爱的家长，我知道你喜欢浪漫和率真，那么读诗吧！

亲爱的家长，我知道你有着一颗追求自由的心灵，那么读诗吧！

和孩子一起朗读童诗，你会拥有一颗年轻的心。

童诗可以读什么

> 如星星的
>
> 是你闪亮的语言
>
> 如天空的
>
> 是你悠远的意境
>
> 如海洋的
>
> 是你丰富的情感
>
> 如银铃般的
>
> 是你极富感染力的明快节奏

童诗，是最贴近心灵的歌唱。它像音乐一样，可以不经过诠释和思考而直达你的心灵——凝练精粹的语言，天马行空的想象，定会给你带来无限的享受。

童诗所抒发的，是儿童内心的真实情感，所以往往洋溢着盎然的童趣。和一般的诗歌相比，童诗在形式和内容上都有许多看似不合情理，但又非常巧妙的地方。这是因为，童诗都是从儿童的眼睛、耳朵和内心出发，表现孩子们对于世界的独特感受。因此，读童诗从本质上讲就是读出"童趣"来，读出童诗的"童真""童心""童言"。

童真

孩子们是一张张白纸，他们对生活总是充满了好奇心和新鲜感。他们纯真敏锐的心灵，能从司空见惯的事物中，感受和捕捉到诗的灵感；他们幼小的心里，装着美丽多彩的世界；他们简单的语言，表达着自然而直接的情绪，能击中每个人潜藏于心底的那一份浪漫。所以，不论什么年龄的读者，都会被童诗中那些富有童真的诗句所感动。

例如俞平伯的童诗《忆》，写了"我"和姐姐一起吃橘子的经历。姐姐把有麻子的橘子给了"我"，笑着对"我"说："……弟弟你的好／绣花的呢……"然后，"我"居然还很高兴，"真正是个好橘子啊……"这样温馨、快活的生活场景，你是不是特别熟悉呢？读这些富有童趣的诗歌，我们的心里是否也会涌上一丝温暖和感动呢？

童心

儿童是最富于想象和联想的，在他们的眼里，太阳是位勤劳的老公公，月亮是位美丽的姐姐。孩子们擅长以自己创造性的想象，认识并诠释世界上的一切事物。在他们通过想象而诗化的世界里，花儿会笑、鸟儿会唱、草儿会舞、鱼儿会说……在成人看来似乎不太合理，于儿童而言却是十分正常的。

例如高筱璇的童诗《西瓜》：

西瓜西瓜
你为什么长猪尾巴
是用来打苍蝇的吗？

西瓜西瓜
你为什么长老虎的条纹
是用来吓人的吗？

西瓜西瓜
你为什么长大肚皮
是用来装宝宝的吗？

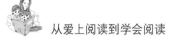
本来风马牛不相及的事物，经孩子这么一联系，你会发现竟有如此之妙！虽然孩童的思维不是天衣无缝、无懈可击的，但在他们跳跃的、单向的思维中，的确会产生这般千奇百怪的联想。只有关注并读懂了诗歌中孩子的思维逻辑，我们才算是真正读懂了童诗。

童言

儿童天性烂漫，想象力丰富，在他们聪慧的脑袋里永远盛开着诗的鲜花。但他们还只是孩子，只能用自己的语言表达他们内心的想法，所以，童诗的语言往往比较幼稚、直白，甚至让人感到莫名其妙，但细细体悟，其间往往蕴含着孩子们独有的那份童真。

例如高洪波的童诗《我喜欢你，狐狸》：

> 你是一只小狐狸，
> 聪明有心计，
> 从乌鸦嘴里骗肉吃，
> 多么可爱的主意！
>
> 活该，谁叫乌鸦爱唱歌，
> 呱呱呱自我吹嘘！
> 再说肉是他偷的，
> 你吃他吃都可以。

你看，多么没有是非原则的话语，但恰恰是孩子们最真实的语言！

此外，童诗浅显易懂，韵脚整齐，读起来还有一种跃动的音乐美，在听觉上也能给儿童带来愉悦和享受。

📖 童诗可以怎么读

用你的眼睛去发现

用你的耳朵去聆听

用你的嘴巴去吟诵

用你的双手去触摸

用你的脚步去丈量

用你的心灵去感受

巧用情境

创设情境，就是尽可能地揣摩童诗中所描写的具体情景，借助各种手段创设出当时的场景，孩子沉浸其中，进而更加深刻地感悟童诗的趣味。

如柯岩的《小鸟音符》，作者抓住小鸟和电线之间密不可分的默契，通过想象灵动地描绘了小鸟和电线之间长久的友谊。读这首童诗时，家长可以在地上画"电线杆"，让孩子扮演成小鸟来回欢快地跳跃。

尽可能给孩子还原童诗中的故事情境，让孩子走进诗歌，这样，孩子自然而然就能感受到童诗的意趣。

妙用联系

童诗的取材离不开儿童的生活，因此，绝大多数童诗都贴近生活。家长可以启发孩子，多角度地将诗歌与自己的生活联系起来，从而体会学习的乐趣。

例如在读叶圣陶的《小小的船》时，孩子可能会联系到自己夏夜时观赏月亮的经历，也可能会联系到和家人一起活动的场景。从别人联系到自己，从书本联系到生活，从这一首诗歌联系到另一首诗歌……建立起多重联系，是拓展孩子思维的有效方法。

诵读积累

诗歌的学习离不开读、诵、背，离不开积累。家长在引导孩子读童诗时，更需要指导孩子去反复诵读，不断积累。

古人云："书读百遍，其义自见。"可见，读和诵是开启诗歌大门的金钥

匙。培养孩子理解诗歌、感悟诗歌最普遍的方法，就是熟读成诵。

唱玩结合

唱和玩都是儿童喜欢的学习方式，家长应当基于童诗在内容和节奏上的特点，让儿童通过唱玩结合的方式学习童诗，这样，既可以帮助孩子感受童诗的韵律，又能提高孩子学习童诗的积极性。

在唱中学，在玩中学，童诗学习还可以和音乐、舞蹈、表演等结合起来，寓丰富多彩的活动于童诗学习中。

二、 和孩子一起阅读《梦的门》

关于《梦的门》

《梦的门》，是儿童文学作家、诗人王立春创作的儿童诗集，由江苏少年儿童出版社出版。2017年，王立春凭借此书获得了第十届全国优秀儿童文学奖。

本书共分五辑，收入了王立春创作发表的儿童诗作58首。王立春曾说："《梦的门》开了许多扇小窗和小门，这些小窗和小门通向每一首小诗。每一首小诗都住着一个小童话。"

对于本书书名，王立春这样说道："挑出'梦的门'做为诗集的名字，因为它代表了我这一段创作的态势。我用一种儿童的立场追索我的远方。我的远方很近，近得打开梦的门就能看到；我的远方很远，远得在梦的门后边，在无限的空间和时间之上。"

为什么读《梦的门》

书里精选的诗歌，给孩子们打开了一个生动、丰饶和温暖的儿童诗"王国"，从那些意象缤纷、姿态烂漫的诗歌里，儿童能体会到世间万物的美好，从而丰富自己的想象力。同时，通过研读诗歌中细腻准确的语言，能加深孩子对诗歌的理解，激发他们的想象力，培养他们品味童诗的语言之美。

本书收录的作品，既有浅显有趣，适宜一二年级幼儿阅读的童诗，也有蕴含哲理与思考，适合中高段孩子阅读的诗作。

《梦的门》阅读建议

《梦的门》共收录了作者创作的58首诗作。其中，有许多适合小学低学段孩子阅读的诗歌，您需要挑选出几首作为亲子阅读的素材。另外，您还需要设计若干次阅读活动，这样才能保证阅读活动的顺利进行。

《梦的门》亲子阅读活动建议：

活动一　录制朗诵视频

活动二　趣味演一演

活动三　诗歌漂流瓶

活动四　做做树叶贴画

活动五　家庭诵诗会

《梦的门》亲子阅读活动

阅读活动一　录制朗诵视频

亲爱的家长，马上，您就要和孩子一起进入童诗的世界。诗歌是最浪漫的，也是最能表达情感的文体之一。在此，我们向您推荐两首最能表达亲情的童诗——《我是你写的诗》和《父亲是孩子写的诗》，以此来开启您和孩子的读诗之旅。

环节一　阅读《我是你写的诗》

步骤1. 家长读给孩子听。

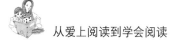
步骤2. 亲子交流：你听到了什么？明白了什么道理？

交流提示

开头的朗读环节，是为了让孩子迅速进入诗歌意境，初步了解这首诗表达的主题。

亲子交流时，可以让孩子说一说：诗中的"你"是谁？"我"又是谁？

你——大树　我——叶子

你——草　我——花朵

你——土地　我——庄稼

你——大海　我——月亮

步骤3. 家长和孩子一起读。

步骤4. 亲子交流：大自然中其他景物是谁写的诗？

交流提示

和孩子交流时，建议启发孩子，大自然中还有许多相互依存的事物，可以通过拟人的方法，把它们想象成"谁"是"谁"写成的诗。如：

河流——鱼儿　阳光——树苗　草原——牛羊

步骤5. 孩子朗读整首诗。

【温馨提示】

读诗的时候，建议分段轮流诵读，比如家长读第一、三段，孩子读第二、四段。如果觉得对方读得好，请给对方一个拥抱！

读诗歌，还需要领会作者的联想和想象。因此，朗读后可以启发孩子思考：世界上，还有哪些事物是心甘情愿为别人付出的呢？

环节二　阅读《父亲是孩子写的诗》

步骤1. 家长读给孩子听。

步骤2. 亲子交流以下话题：

（1）诗歌一共写了几段？是按照什么顺序写的？

（2）孩子给父亲写了哪些诗？

（3）孩子为什么给父亲写了这些诗？

（4）为什么结尾说"那个写了一千遍的父亲，就在自己脸上"？

交流提示

　　本诗共有5段，按照时间顺序，记录了父亲从孩子出生到最后老去的生命历程。其间的白发、皱纹、弯腰弓背……都是在孩子从出生到长大的过程中，父亲劳心劳力的结果。最后，父亲的生命和责任在孩子身上得以传承，每个孩子都在不知不觉间活成了父亲。

步骤3. 孩子和家长一起读。

环节三　录制诗歌朗诵视频

步骤1. 挑选一首诗歌，配上温馨的轻音乐。

步骤2. 父母给孩子录制朗诵视频。

阅读活动二　趣味演一演

　　亲爱的家长，这一次，我们将投入大自然的怀抱，领略童诗中美轮美奂的画面。所以，特别建议家长带着孩子到野外去，到公园去，到绿茵茵的草地上去——在大自然的怀抱中读诗吧！

环节一　共读《花儿一岁》

步骤 1. 家长说一说：一岁的婴儿，会做些什么呢？

步骤 2. 家长读给孩子听。

步骤 3. 亲子交流：你从哪里看出花儿才一岁？一岁的花儿做了哪些事？为什么着急做了这么多事？

交流提示

一岁——嘟着小嘴、直着小腰、伸着小腿

做事——推开叶子、松开藤蔓、吐出香气

因为对美丽的花儿来说，一岁就是一辈子！花儿想在这短暂的一生中，尽情绽放她的美丽！

步骤 4. 孩子读给家长听，并且请家长点评。

环节二　共读《地里的小痞子》

【温馨提示】

活动步骤参考环节一。

环节三　亲子演一演

步骤 1. 演演《花儿一岁》。

（1）家长读诗，孩子扮演花。

（2）孩子读诗，家长扮演花。

（3）评一评，看谁演得好，演得像。

步骤 2. 演演《地里的小痞子》。

【温馨提示】

　　演《花儿一岁》时，建议亲子之间采用你读我演的方法，如一方在朗读"花儿嘟着鲜鲜的小嘴"时，另一方做出相应的动作。

　　《地里的小痞子》这首诗充满了童趣，非常适合进行表演。家长与孩子可以通过角色扮演等形式，体会诗歌的趣味。

　　在表演时，建议先理解诗歌含义，再用恰当的动作把诗中各种动植物的神态、动作表现出来。

　　亲子之间还可以互换角色，相互评议。

阅读活动三　诗歌漂流瓶

　　童趣是童诗的灵魂，失去了童趣，童诗也就失去了存在的价值。

　　本次活动，亲子将一起仿写两首童诗，然后将它们塞进一个漂流瓶里，让它顺流一路漂去。说不定，它会给你带来意外的惊喜呢！

　　活动前，准备一个大小适中的漂流瓶。

环节一　亲子共读童诗《哭》《装》

步骤1.相互说一说最难忘的一次哭的经历。

交流提示

　　你有过几次哭的经历？为什么哭？是怎么哭的？

　　每个人都有过"哭"的经历，交流"哭"，是亲子活动的重要环节，可以帮助家人了解彼此。

步骤2.父母和孩子自由朗读诗歌《哭》。

步骤3.挑一个最喜欢的段落读给对方听，并说说喜欢该段落的理由。

步骤4.共同阅读《装》。

【温馨提示】

　　《装》这首诗，同样体现了孩子独有的思维方式。事实上诗中所有的"装"，都只是一种自然现象，如"风铃草装成摇铃人/举着一串小铃铛"。

　　在活动过程中，可以和孩子一起阅读交流，如：

　　诗歌中一共写了哪几种花？它们是按照什么顺序来写的？

　　展开想象说一说，大自然中还有哪些喜欢"装"的东西？

　　环节二　诗歌片段仿写

　　父母和孩子各自仿写一个"哭"或"装"的片段（见图2-1、图2-2）。

图2-1　仿写《哭》1

图2-2　仿写《哭》2

【温馨提示】

　　诗歌创作，贵在想象和童趣，比如"金鱼在水中哭/眼睛都哭肿了"，这样的诗句，只有孩童的眼睛才会发现，只有用孩童的思维才能描述出来。所以，评比的依据只有一个：看谁的联想更丰富，更精准。

环节三　制作漂流瓶

步骤1.抄写原诗。

步骤2.在仿写的诗歌下面写上一段话,和原诗一起放进漂流瓶。

步骤3.家长和孩子一起将漂流瓶放入河里。

【温馨提示】

关于步骤2,家长可先与孩子一起讨论,再让孩子撰写。如:

亲爱的有缘人:

很高兴您能收到我的漂流瓶!相信,现在的您一定读过了原诗以及我仿写的诗。如果,您也对童诗仿写感兴趣的话,是否可以跟我一样,写上一段您的习作,然后,让这个小小的漂流瓶继续漂流下去呢?

关于步骤3,建议在放漂流瓶前将瓶子密封好,让它能漂得更远。

阅读活动四　做做树叶贴画

大自然给我们留下了一首首优美的诗歌。到大自然中去,用我们的眼睛、耳朵、鼻子、小手,去发现这些藏在花草中的一首首小诗吧。

本次活动,建议您和孩子到公园、田野里去,用制作树叶贴画的形式感受童诗的美好。

环节一　共读《躺在草原上》

步骤1.说一说,诗歌中将天空中的云朵比作了什么?

步骤2.自由朗读《躺在草原上》,想一想:躺在草地上还会发生什么?

交流提示

孩子们一定看到过天空中那些变化莫测的云朵,也一定有过躺在草地上的经历，那就不妨让孩子尽情发挥想象，说一说那些不断变幻的云朵各自像什么，想一想：躺在草地上，还会"惹"哪些动植物"生气"？

环节二　制作树叶贴画

树叶贴画的样式如图2-3、图2-4所示。

【温馨提示】

本环节可以有两种形式，供孩子自由选择。

形式一：摘抄部分诗句，根据诗句内容贴成恰当的树叶画。

形式二：先贴成树叶画，再配上根据画面创作的诗句。

图2-3　树叶贴画1

图2-4　树叶贴画2

阅读活动五　家庭诵诗会

亲爱的家长，今天我们将举办一次别开生面的"家庭诵诗会"。我们将汇报这些天来读了哪些童诗，最喜欢的是哪几首，然后比一比、赛一赛，通过各种形式的朗诵，展现每一位家庭成员的朗读风采。

步骤1. 亲子交流本轮一共读过哪几首诗，说说印象最深的诗有哪些。

步骤2. 亲子相互推荐一首童诗，并说明推荐理由。

【温馨提示】

通过步骤1的亲子交流，可以了解亲子在活动期间的阅读量和收获。步骤2的目的，是希望推荐给对方更多优美的童诗，获得更好的感官享受。具体活动可以通过读读、说说、议议等形式来展开。

如读完《影子随从》，可以说一说：影子的特点是什么？再议一议：诗歌借助"影子"一物，要告诉我们什么呢？

再如读完《不是所有的草都开花》，可以说一说：有哪些草是不开花的？再一起议一议：它们为什么不开花？

步骤3. 举办家庭诵诗比赛。

【温馨提示】

希望更多的家庭成员参与本次诵诗会。活动前，建议适当布置环境，选择舒缓优美的背景音乐。

在诵诗比赛中，除了个人朗诵外，还可以以组合形式朗诵，如母女组合、父子组合、夫妻组合，等等。这样，能让活动变得更有趣味。

朗读完诗歌，建议简要陈述一下对诗歌的理解。

最后通过投票等方式，评选出本次家庭诵诗会的"最佳朗读者"。

结　语

童诗，是一代又一代人的童年欢乐，它将长幼之间的爱与关怀，将成长中的美好记忆不断沉淀、浓缩、传递和升华。

　　《梦的门》是一本极富想象和童趣的儿童诗集，诗人以一个孩童的视角，给孩子们建立起了一个生动、丰饶和温暖的童诗"王国"。书中的童诗贴近儿童生活，都是儿童喜闻乐见的，所以读起来朗朗上口，富有节奏感和音韵美。

　　童诗的美一定不止这些，让我们拉起孩子的小手，一起吟诵一首首童诗，在孩子们的心里种下一颗美的种子，让这颗种子伴他们成长，带他们收获欢乐、温暖、智慧的硕果。

不要吝啬你的掌声

人类本质中最殷切的要求，是渴望被肯定。

在这个世界上，没有人不喜欢听溢美之词，孩子们更是如此。相比于习惯性的苛责与批判，赞赏能让孩子感受到鼓励和善意，能让他找到自己进步和前进的方向。每一句称赞，都如一星一点的温暖，融化他的内心。

在阅读过程中，当孩子产生自己的想法，闪现出可贵的思想火花时，作为父母，应当及时捕捉到这样稍纵即逝的时机，给予孩子最充分的肯定，鼓励他大胆说下去。此所谓"适时"。

不要总试图和"别人家的孩子"比，每个孩子都是独特的。您要比较的，是昨天的孩子，只要孩子比昨天多认了一个字，多说了一句话，这就是进步，就应该不吝啬您的夸赞。此所谓"适当"。

赞赏，不是无原则的"溢美"，不是在每次回答后都简单地夸"你真棒！"，那样就失去了赞赏的意义。在表扬激励的同时，尽量使用孩子能够接受的方式，指出他们还存在的不足，让孩子明晰自己的问题，促使其改进提升。此所谓"适度"。

良言一句三冬暖。要知道，孩子的学习动机，通常都是受到某种激励而产生的。他们在完成艰苦的学习之后，总是特别希望得到教师、家长的赞赏与首肯。所以有时候，一句赞美的话，就会成为孩子坚持阅读、努力向上的理由。

第三讲
夸张与幽默的艺术

亲爱的家长，不知您是否有过这样的苦恼：无论我们如何苦口婆心，晓以利害，痛陈漫画书的种种"害处"，但我们的孩子一有空闲，却依然会津津有味地捧起一本漫画书，翻来覆去地读个没完，而且百看不厌。

从我们的日常观察看，这显然不是个例，而是一种非常普遍的现象。

漫画书，真的如我们想象中的那般肤浅吗？

漫画书，到底有怎样神奇的魔力，让孩子们如痴如醉、欲罢不能？

我们又该怎样重新认识漫画书，带领孩子们科学地阅读漫画书呢？

一、 漫画书阅读指南

📖 什么是漫画书

"漫画"（caricature）一词来源于意大利文"caricare"（意为夸张）。"漫"，有不受约束、随便的意思。漫画是用简单而夸张的手法来描绘生活或时事的图画。丰子恺在《漫画的描法》中把漫画定义为"简笔而注重意义的一种绘画"。

漫画主要有三种形态，即讽刺幽默的传统漫画、叙事的多幅或连环卡通漫画、探索性的先锋漫画。漫画常用变形、比喻、象征、暗示、影射的方法，构建幽默诙谐的画面，以取得讽刺、歌颂或娱乐的效果。漫画大都以丑的形态开始，却以获得美的愉悦结束，因此，也有人称漫画为审丑艺术。

那么，什么是漫画书呢？顾名思义，漫画书就是以漫画形式塑造人物，展现故事情节的书籍。漫画书一般有两种类型：一类是连环漫画书，由叙事的多幅漫画组成，这一类漫画书具有强烈的故事性，通常较受小学生的青睐；另一类是漫画作品的合集，它可能是不同作家的作品集，也可能是由一个作家不同时期的作品汇集而成。

📖 为什么要读漫画书

读漫画书，能让人感到轻松愉快。漫画是孩子们的"解压神器"，看漫画书是一种非常好的放松方式。漫画书中无厘头的故事情节，不经意间流露出的温情与关爱，漫画书那独有的画与画的精彩"对白"，吸引着孩子沉浸其中。

读漫画书，能激发孩子浓厚的阅读兴趣。漫画书最大的特点是能以图画代替文字，表现复杂的内容。漫画书凭借着其奔放、夸张的人物形象，鲜明独特的人物造型，幽默诙谐的人物语言和动作，深受孩子们的喜爱。从我们耳熟能详的《三毛流浪记》《蓝精灵》到经久不衰的《父与子》，都充分体现了这三个特点。而孩子的视角和想象，更容易接受和喜欢这样夸张生动的表达，因而漫画书更能激发起他们的阅读兴趣。

读漫画书，可以拓宽思考和想象的空间。漫画书用很少的文字（甚至没有文字）来说明故事，这种看似简单的表达方式，却给画面赋予了丰富的内涵。它给予了孩子突破思考极限、展开无限想象的机会。

读漫画书，更容易获得阅读的成就感。漫画书大多故事情节生动有趣，画面感强，文字简单，对小学生来说具有直观易懂的优势。对于阅读漫画书，孩子们的观察力和视角远非成年人能够想象，他们阅读起来没有障碍，

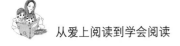

几乎都是个中"专家"。

漫画书可以读些什么

离奇有趣的故事情节

漫画，是用简单而夸张的手法来描绘生活或时事的图画，它通常是按照时间、地点和人物的行为活动，以讲故事为主要目的的。从某种意义上讲，读懂故事情节，是读懂漫画的基础，而漫画书离奇有趣的情节通常是吸引孩子阅读，博得孩子开怀一笑的重要因素。

生动夸张的人物造型

漫画书的人物形象设计夸张、变形。作者往往夸大人物的特征，改变其正常的比例关系，有意识地将其放大或缩小、拉长或缩短。通过大与小、方与圆、曲与直、虚与实的对比手法，使表现出的形象强烈、典型，比现实更鲜活，使表达的主题更鲜明、深刻。

含蓄幽默的漫画主题

漫画是含有讽刺或幽默意味的一种浪漫主义的绘画种类。

漫画书是有主题的，或抒发情感，或传播正义，或歌颂人性的美，或抨击社会现象，直接或含蓄幽默地表达作者对纷纭世事的理解及态度。

比如连环漫画书《三毛流浪记》，作者用连续的多幅图画，讲述三毛这个流浪儿童在旧社会被欺负、被践踏的悲惨遭遇。同时也颂扬了在极度凄苦无依的困境中，依然意志坚强、乐观、善良、机敏、幽默的"三毛精神"。

漫画书可以怎么读

以图为主

漫画，终究是绘画艺术的一种。它以图为主，以文为辅。因此在阅读时，我们应始终把重心放在对画面的解读上。通过画面理解人物性格、情节发展和作者的情感寄托，在一幅幅图画中感受色彩、线条带来的视觉冲击，领悟作者独特的构图创意。可以说，在漫画中，图画就是另一种文字。当然，"以图为主"不是说完全不关注文字，漫画的标题或图画中极少的文字和对话，对漫画的理解和寓意的把握依然有着点睛之效，同样不可忽视。

关注细节

阅读，是一种含蓄隽永的艺术，很多真实含义往往隐藏于浅显的表面意思之后。因此，漫画故事需要读画面，读细节，品深意。

阅读一本漫画书，可以先对故事情节、人物有一个整体的认识，然后引导孩子去关注漫画中人物表情、动作的变化，理解漫画中作者的"言外之意，弦外之音"，从细节中领悟作者的真实用意。

模仿创作

漫画，是一种特别适宜再创作的文体。漫画中的故事画面，适合让孩子展开想象，进行扩写和续写；漫画中的故事情节，适合让孩子扮一扮，演一演。画画，是许多孩子的最爱，在大量阅读漫画的基础上，学生对漫画这一体裁有了一定的认识后，可以运用漫画的表现手法，用手中的画笔表现周围的人和事，表达自己对人和事的理解和看法。

亲爱的家长，读漫画书，既能愉悦心情，放松心态，还可以让我们细品画中深意、个中三昧，实在是一件非常有意义的事情。那么，就让我们拿起经典漫画书《父与子》，和孩子们一起走进漫画的精彩世界吧！

二、　和孩子一起阅读《父与子》

📖 关于《父与子》

《父与子》是德国漫画家埃·奥·卜劳恩创作的漫画作品，于1934年12

月13日首次刊载于《柏林画报》。这个时期的德国战火不断，硝烟弥漫，令人窒息的白色恐怖笼罩着整个国家。《父与子》的出现，犹如荒漠中的一片人性绿洲，温暖了整个德国。

漫画书《父与子》的故事内容，皆取材于生活中的寻常小事，却画出了生活的哲理。每一个故事，都充满了生活的智慧与幽默，把人与人之间朴实纯真的情感表现得淋漓尽致。

正因为如此，《父与子》才会历经八十余年而不衰，流传范围也越来越广，赢得了全世界读者的喜爱。《父与子》被誉为德国幽默的象征，享有极高的艺术评价，已成为世界漫画史上重要的一章。

为什么读《父与子》

漫画书《父与子》充满了人性的温情和幽默。它描绘的是父亲和儿子的日常生活，表现的是人类最无私的亲情。它让人们在愉悦的同时，也被父亲和儿子那善良、乐观的本性深深感动着。孩子们阅读《父与子》，不仅能从"父与子"这两个可爱人物及其奇遇中获得阅读的快乐，也能形成与人为善、乐观向上的美好品质。用这本漫画书对孩子进行爱的教育，既生动有趣，又有感染力。

《父与子》整本书中没有一句对话，却通俗易懂，让人发笑，引人思考，是漫画书用图画来讲述故事、表情达意的绝好范本，也是低龄孩童很好的阅读素材。阅读本书，能让孩子充分感受浓郁的父子亲情，体会生活中的各种乐趣，并在对一幅幅画面的猜测和解读中，逐步提升他们的观察能力、理解能力和表达能力。

《父与子》阅读建议

1. 和孩子一起，坚持每天阅读20分钟。

2. 制作"阅读记录打卡表"，借助"阅读记录打卡表"帮助孩子每天记录阅读进程，养成天天阅读的习惯（见图3-1）。

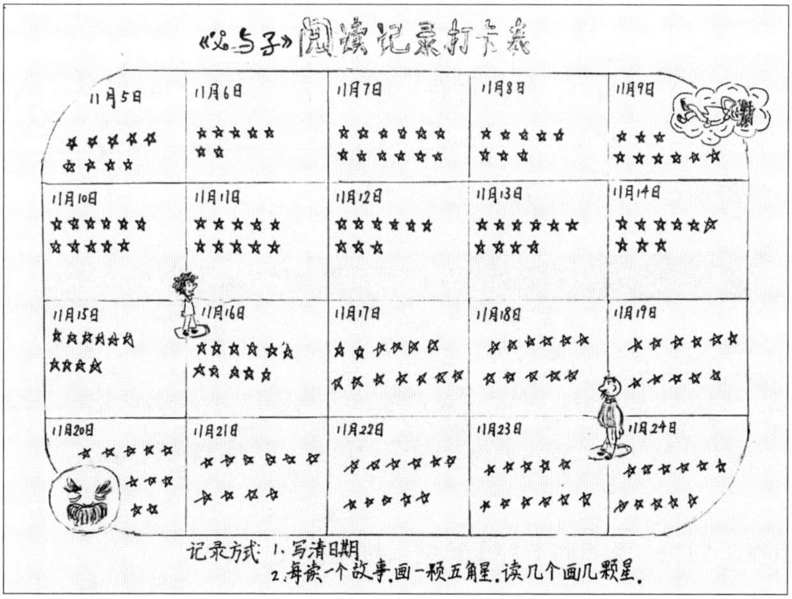

图3-1 《父与子》阅读记录打卡表

3. 建议开展6次亲子阅读活动。

活动一　接龙游戏

活动二　制作人物书签

活动三　看图讲故事

活动四　制作"表情翻翻卡"

活动五　续编漫画故事

活动六　创作我家的"父与子"故事

《父与子》亲子阅读活动

阅读活动一　接龙游戏

接龙，是较受孩子欢迎的游戏。用接龙的形式梳理、巩固孩子阅读封

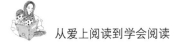

面、封底、勒口、目录时获得的信息，既能对《父与子》漫画书有一个整体的了解，又能激发孩子继续阅读的兴趣。

步骤1.打开漫画书，阅读封面、封底、前后勒口、目录、序言等，获取信息。

步骤2.梳理、交流获得的信息。

交流提示

　　不拘形式地随便翻一翻，将封面、封底、书名、作者、出版社等信息，以及前后勒口、序言、目录等主要内容进行一次阅读交流，使孩子们对这本书的大致内容有个初步的了解，获取相关的信息。

步骤3.讨论、确定将哪些信息纳入接龙游戏。

步骤4.每人准备6个问题，并记录下来。

步骤5.玩接龙游戏。

【温馨提示】

关于步骤3：建议将接龙内容限定于从封面、封底、勒口、目录中获取的信息。

关于步骤5：建议玩前约定游戏规则，包括如何奖惩等。如：

（1）采用"你问我答"轮流问答的接龙方式。

（2）回答正确得分。

（3）提问超出限定范围，则扣分。

（4）回答问题超过10秒，则扣分。

游戏结束后，可根据家庭具体情况采取一些有趣的奖惩办法，比如奖励一个小礼物、给对方一个拥抱和亲吻，或惩罚做几个俯卧撑、罚洗一次碗等。奖惩什么其实不重要，重要的是通过奖惩手段营造轻松愉悦的阅读氛围。

知 识 卡 片

勒口：亦称折口，是指书籍封皮延长内折部分的一种装帧形式。它的作用主要是：第一，好看；第二，使封面不易破损；第三，可以编排作者或主要内容简介。

阅读活动二　制作人物书签

漫画书的人物形象非常夸张，漫画家往往会抓住最能表现人物特点的外形特征，对其或放大，或缩小，或变形，使人物形象十分生动。孩子读漫画，在感受父与子生动形象的同时，应仔细观察、学习夸张的表现手法，画一画身边的人，并做成书签，做到学以致用。

建议在至少读过书中10个漫画故事后开展本次活动。

活动准备：硬纸、彩铅、剪刀等物品。

以下活动以漫画《退敌之计》为例展开。

步骤1. 亲子共读《退敌之计》。

步骤2. 亲子交流：漫画讲了一个什么故事？故事中都有哪些人物？这些人物的外貌、动作和表情有什么夸张之处？

交流提示

引导孩子仔细观察人物的外貌、动作及表情，让孩子发现作者是通过改变人物外貌、动作及表情的正常比例等方法，达到夸张效果的。如对人物样貌的刻画：

父亲的样子：大胡子，光着脑袋，粗眉倒立。整体给人的感觉是脑袋很小，肚子却圆鼓鼓的，配上两条细细长长的腿，滑稽极了。

儿子的样子：瘦瘦小小，头发蓬乱，跟刺猬一样。

再如对人物"大块头"的动作、神情刻画：

动作：举起醋钵儿大小的拳头、迈开大步。

应提醒孩子注意的是，虽然作者只画了"大块头"的一条腿，但画面足以让孩子感受到"大块头"的步幅之大、气势之盛。

神情：开始时竖眉、瞪眼、挥拳，一幅凶神恶煞的模样。但当看到父亲将树连根拔起后，又是一副瞠目结舌、头冒冷汗的"熊"样。夸张对比的效果不言而喻。

步骤3. 选定书中的一个人物，制作漫画人物书签（见图3-2）。

【温馨提示】

- -

准备材料：卡纸、流苏或丝带、打洞器。

制作书签步骤：

1. 用剪刀将卡纸剪成一定的形状（注意把握好尺寸，不要剪得太大或太小）。

2. 绘制漫画人物，可根据喜好涂上颜色。

3. 在卡纸上端打洞，将流苏或丝带穿入其中。

图3-2 漫画人物书签

- -

阅读活动三 看图讲故事

看图讲故事，是培养低年级孩子观察力、提高其表达能力的一种阅读方式。

怎样才能把故事讲清楚，讲生动，讲有趣呢？这需要孩子们注意观察人物的动作、神态，读懂人物内心，体会故事表达的情感。只有这样，才有可能讲出画面之外的故事，才能讲得具体、生动、有趣。

步骤1. 共读漫画《先后有序》。边读边想：这几幅漫画讲了父与子的什么故事？

步骤2. 阅读交流。

步骤3. 再次阅读《先后有序》，仔细观察父亲的表情、动作有哪些变化。

步骤4. 亲子交流：父亲的神情、动作产生变化的原因是什么？

交流提示

父亲神情的变化：生气→发怒→惊异→平静→慈祥→严厉

父亲动作的变化：追→抓→（扒开）看→缝→打

父亲神情、动作变化的背后原因：

1. 儿子闯祸，打翻了墨水瓶。

2. 父亲暴怒之下抡起手臂，却发现儿子裤子上有一个破洞。

3. 父亲爱子情深，穿针引线给儿子缝补裤子。

4. 儿子闯了祸，该受的惩罚逃不了！

提醒孩子注意：最后一幅画很有意思，儿子以为逃过一"劫"时，父亲却再次抓起儿子——该受的惩罚必不可少。由此，一个严慈相济、有血有肉的父亲形象跃然纸上。

步骤5. 看漫画讲故事。

【温馨提示】

学会观察图，是看图讲故事的基础，读漫画书讲故事也不例外。

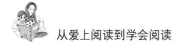

观察图要有一定的顺序。先观察一共有几幅图，如果是多幅图的话，还要观察图与图之间有什么联系，讲了一个什么故事。再观察图中一共有哪些人物，他们之间是什么关系。最后，仔细观察人物前后的动作、神情有些什么变化，体味这些变化背后的原因。

讲故事的目的，是激发孩子的阅读兴趣，营造轻松的阅读气氛。因此，看图讲故事的形式应该多样化。如：亲子分图接龙讲故事，亲子分角色讲故事，亲子比赛讲故事等。这样，看图讲故事便有了代入感，孩子也一定会更快地进入情境。

提醒孩子及时填写"阅读记录打卡表"。

阅读活动四 制作"表情翻翻卡"

翻翻卡是一种类似扑克牌的卡片，但玩起来更加灵活多变：卡片上的内容不限，玩的人数也不限，而且可以根据卡片上的内容设定不同的玩法。

漫画中的人物表情丰富夸张，用玩"表情翻翻卡"的形式来描摹人物表情，体会人物的情感，孩子们一定非常喜欢。

活动前，请准备好硬板纸、彩铅和剪刀。

步骤 1. 亲子共读漫画《忍无可忍》。

步骤 2. 说一说，漫画讲了一个什么故事，故事里都有哪些人物。

| 交流提示 |

故事梗概：一对父子坐在长凳上看书，走来一个"醉汉"坐在了长凳的另一端。"醉汉"一会儿向父亲吐烟圈，一会儿又去拿父亲头上的帽子，父亲对此非常诧异。

一会儿，"醉汉"变本加厉，竟然用香烟戳破了父亲的帽子，又点爆儿子的气球。父亲终于愤怒了，挥起拳头打在了"醉汉"的下颌上，"醉汉"吓得赶紧逃跑。父子俩继续享受这美好的亲子时光。

步骤3. 细致观察每一幅画并思考：父亲的表情前后有没有变化？有几次变化？为什么会有这样的变化？

交流提示

父亲的表情变化：诧异→纳闷→哀求→愤怒→悠然自得

步骤4. 仔细观察每一幅画中父亲眼睛和眉毛的变化。

步骤5. 把《忍无可忍》中父亲眼睛和眉毛的变化画下来，做成表情翻翻卡。

【温馨提示】

通过观察人物的表情，可以引导孩子注意观察人物的五官。漫画中每个人的表情变化的呈现方式是不一样的。

比如《忍无可忍》中的父亲，他的神态变化主要体现在他眼睛和眉毛的夸张变化上，做翻翻卡时一定要提醒孩子注意观察。故事中，不仅父亲的表情有变化，"醉汉"的表情也有变化，可让孩子试着将"醉汉"的眼睛、嘴巴的变化画出来，做成"表情翻翻卡"（见图3-3）。

图3-3　父亲、"醉汉"的表情翻翻卡

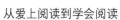

《父与子》的主角无疑是父亲。读这本漫画书我们不难发现，父亲在每个故事中的表情都不尽相同，读完这本书后，可以把这些丰富的表情制作成各种翻翻卡。

翻翻卡有多种玩法，如用动作模仿、用语言描述等。

用动作模仿：一方出示表情翻翻卡，另一方根据画面进行模仿。可以模仿画中的单个表情，也可以模仿当时的情景。

用语言描述：一方出示表情翻翻卡，另一方根据卡片的画面用语言准确表述出来。可以用语言直接描述画面的表情，也可以描述该表情产生的故事情节。

阅读活动五　续编漫画故事

续编，是指顺着原文的脉络，对原文进行创造性的延伸。

续编前，要做到熟读原故事，对原故事的来龙去脉有清晰的了解，读懂原故事中人物的性格、特征，并对全文旨意有比较全面的理解。

《放生以后》的漫画故事情节曲折，结尾更是颇为离奇。让我们带领孩子，大开脑洞，放飞想象，来一次天马行空的故事续编吧。

步骤1. 阅读漫画《放生以后》，数数共有几幅画，读懂每幅画的主要意思。

步骤2. 将第三和第四幅画联系起来读，读出两幅画在情节上的转折之处，并就此展开亲子交流。

交流提示

根据第三幅画，想象父与子就砧板上的这条鱼进行了怎样的对话，这是帮助孩子理解两幅画之间发生转折的关键。

步骤3. 将第五和第六幅画联系起来读，读出结尾处作者独具匠心的巧妙设计，并就此展开亲子交流。

交流提示

　　引导孩子读懂第五和第六幅画之间的联系，理解故事结尾既在"意料之外"，又合"情理之中"的高妙之处，为续编故事做好铺垫。

步骤4. 以最后一幅漫画为开头，续编故事。

【温馨提示】

　　在续编的故事里，原漫画中的父亲、儿子、大鱼和小鱼等角色一个也不能少；续编的情节内容可以结合生活经验，围绕大鱼、小鱼的命运会不会发生转机，父亲与儿子又会做出怎样的决定等展开充分的想象。在创编时，应抓住父亲与儿子的动作、表情变化等作具体生动的描述（见图3-4、图3-5）。

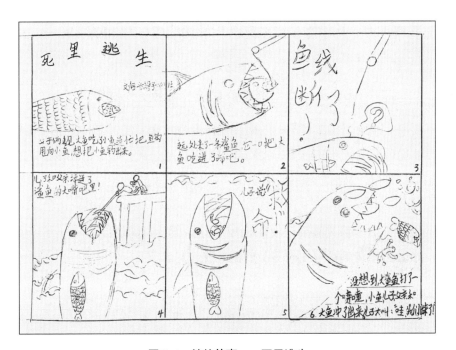

图3-4　续编故事——死里逃生

图3-5　续编故事——二次放生

提醒孩子填写"阅读记录打卡表"。

阅读活动六　创作我家的"父与子"故事

转眼，漫画书《父与子》的阅读即将告一段落。建议您和孩子一起梳理一下本轮阅读的收获和感受，将阅读与生活联系起来，聊一聊和孩子一起做过的那些事情，最后创编一个我家的"父与子"故事。

步骤1. 数一数"阅读记录打卡表"，统计阅读过的篇目。

步骤2. 交流阅读《父与子》后的收获。

交流提示

引导孩子回顾每一次阅读活动的内容。如：

通过浏览书的封面、封底、勒口，我们对书有了整体的了解。

通过制作人物书签与表情翻翻卡，我们初步感受了漫画抓住人物的特点或表情进行夸张表达的特点。

通过讲故事与续编故事，我们对故事情节与人物有了比较深入的理解。

引导孩子回顾阅读过的漫画故事内容：

《父与子》中的故事都贴近人们的日常生活，反映人类最无私的亲情。

《父与子》中的故事充满了人性的温情和幽默。不论生活发生何种改变，父亲与儿子善良、乐观的本性始终如一。因为具有这样美好的品质，他们在遭遇困难时不绝望，获得意外财富时不忘本，过着让所有人向往的简单、快乐的生活。

步骤3. 联系自己的生活，创编一个我家的"父与子"或"母与子"故事。

【温馨提示】

可以和孩子一起回忆：我家的亲子间在生活中曾发生过哪些趣事、糗事和难忘的事……

可以和孩子一起聊聊：这些难忘的事情给自己和对方带来了多少欢乐，多少温情，多少启发……

最后，尝试用漫画或连环画的手法画一画，或者用文字创编一个我家的"父（母）与子"故事（见图3-6）。

图3-6　我家的母与子——鸡飞狗跳

结　语

亲情，是文学作品中永恒的主题，或浓郁，或醇厚，或沉重……但卜劳恩的《父与子》无疑是一个另类，它以夸张幽默的手法，给我们呈现了一种不一样的人间亲情：轻松、简单，平等、和谐……让每一位读者在"掩卷"之余，不由得击节慨叹——

有这样的父亲，真好！

有这样的儿子，真好！

幽默中现轻松，戏谑中见真情。或许，这就是漫画书的独特魅力所在。

阅读小贴士

成为孩子的阅读伙伴

没有人愿意成为一座孤岛。

每个人，都渴望被认可；每个人，都渴望被尊重。这是人的一种本能需求。而亲子阅读，就是在家长和孩子之间架起了一座沟通的桥梁，提供了亲子间源源不断的交流话题。"奇文共欣赏，疑义相与析。"共同的阅读兴趣，可以让家长和孩子相扶相持，成为最亲密的阅读伙伴。

家长要想成为被孩子信赖的阅读伙伴，就要注意摆正自己的位置，学会尊重孩子，和孩子平等相处。这样，才能达到如切如磋，如琢如磨的学习效果。

所谓"尊重"，就是在和孩子一起阅读时，不要用教训的语气告诉孩子该怎么做，而是把心中的想法坦诚地告诉孩子，并允许孩子有选择的权利。

所谓"平等"，就是在读书的过程中，如果发现自己错了，要有敢于道歉的勇气，有乐于接受批评的胸怀。

只有敞开心扉，坦诚以待，得到孩子的信任，您或许才会发现，孩子的小脑袋里，竟有如此稀奇古怪的想法；您或许才会明白，看似木讷的孩子，他的内心深处原来有这么多智慧！

和谐温馨的亲子阅读，让家庭成员间有了更多的交流话题；无隔阂的亲子阅读，拉近了心与心之间的距离。最终您会明白，在阅读的旅程中，孩子最需要的，是能和他一起欢呼雀跃、一起伤心落泪的阅读伙伴。

第四讲
孩子心中的秘密花园

亲爱的家长，随着孩子识字量的增加，您一定希望他们除了阅读绘本、漫画书外，还可以读些文字类图书吧？文字类的图书有很多，那么，究竟哪些书籍更适合小学阶段的孩子阅读呢？

请带着孩子读读童话吧！童话，能给孩子营造一个如梦的世界，让他们找到似曾相识的自己；童话，能帮助孩子寻找生命的价值和意义，让他们的精神家园充满阳光，健康诗意地成长。

接下来，我们向您推荐中国著名童话作家郑渊洁的童话作品《皮皮鲁传》，并为您提供一些亲子共读小妙招。

来吧，一起进入孩子心中的秘密花园！

一、 童话阅读指南

📖 什么是童话

童话，英文名为"fairy tale"，是儿童文学里具有代表性的文学体裁之一。"童话"一词，在《辞海》中的解释是"儿童文学的一种，经过想象、幻想和夸张来塑造艺术形象，反映生活，增进儿童性格的成长"，在《现代汉语词典》中的解释是"儿童文学的一种体裁，通过丰富的想象、幻想和夸张来编写适合于儿童欣赏的故事"。

由此可见，丰富的想象、幻想和夸张是童话的基本特征，儿童是童话的主要受众。因此，童话的情节往往充满浓厚的幻想；童话的人物往往具有夸张、超自然的特点，或被赋予象征意义；童话的主题包含了对爱的赞美与追求；童话的语言往往是浅显、生动、幽默的，可以满足儿童的审美需求。

📖 为什么要读童话

首先，阅读童话能帮助孩子认识世界。童话虽然多用夸张、拟人的手法，但是它对生活折射式的反映，更加接近生活的本质。孩子们在阅读童话时，可以用符合自己年龄特点的视角去看待世界，感知世界，进而认识世界。

其次，阅读童话能发展孩子的想象力和创造力。想象，是对现实生活中的客观存在进行加工改造，形成新形象的过程。童话依靠夸张、拟人等表现手法，能让儿童展开无拘无束的想象，是儿童重要的精神食粮。苏霍姆林斯基说过："没有了童话，就没有活跃的想象。"

最后，阅读童话能培养孩子的美感。童话往往融形象美、意境美、语言美、情感美于一身，寄托了人们对于美好生活的向往，将"美的教育"潜移默化地融入儿童幼小的生命中。国家颁发的《义务教育语文课程标准（2021年版）》明确了对一、二年级学生阅读童话的建议："阅读浅近的童话……向往美好的情境，关心自然和生命，对感兴趣的人物和事件有自己的感受和想法，并乐于与人交流。"

小学语文统编教材三年级第一学期的"快乐读书吧"，专门推荐了《安徒生童话》《格林童话》《稻草人》等经典的童话读物，也说明了在小学阶段阅读童话的意义。

童话可以读些什么

曲折、反复的情节

在童话中，可以看到各种离奇、曲折的情节。孩子们可以跟着神奇的精灵，去寻找永远不会长大的岛屿（《彼得·潘》）；鼹鼠米加可以从鼹鼠变成乌鸦（《鼹鼠的月亮河》）；蜘蛛可以用网织出奇特的字母（《夏洛的网》）……这样丰富的想象和奇幻的情节，符合儿童喜爱幻想的心理特点，满足了儿童对于未知世界的好奇。

在童话中，可以看到多次反复的情节。《白雪公主》中的皇后三次加害公主；《快乐王子》中的王子，让燕子把他身上三处值钱的物品一一送给穷人；《吃黑夜的大象》中的三个小动物，分别遇到怕黑的麻烦……这些反复，不是简单的重复，而是在相似中出现变化，推动故事情节的发展，在层层递进中呈现惊喜。这样的结构，可以把孩子一点点带入故事，在现实与幻想之间感受到阅读的愉悦。

特点鲜明的人物

童话世界中有众多稀奇古怪、无所不能的人物形象。

在童话世界中，世间万物皆有灵性。月下的稻草人会流下伤心的泪水（《稻草人》）；一只猫可以成为拯救世界的英雄（《笑猫日记》）；河畔的大柳树可以唱出动人的歌谣（《柳林风声》）……这样形形色色异于现实世界的灵性人物，无疑对孩子们具有无限的吸引力。

童话世界中，即使是生活中的普通人物，往往也会身具神奇的光环，经历离奇的幻境。爱穿新衣的国王愿意光着上身在大街上巡游（《皇帝的新装》）；看似手无缚鸡之力的男孩，可以让巨人成为他的手下败将（《杰克与魔豆》）；阿灿姑娘可以用爱去温暖木偶人冰冷的心（《木偶的森林》）……孩子们在阅读童话的过程中，常会不自觉地把自己想象成童话中具有超能力的人物形象，飞天遁地，无所不能。

尽管童话里的人物是虚构的，但是这些人物个性鲜活灵动，形象生动有趣，容易引起儿童读者的共鸣。可以说，童话中的人物，往往是孩子们最鲜活的榜样，有这些童话人物的陪伴，能让孩子们的童年记忆变得更加色彩斑斓。

隐喻的美学特质

童话，是最具有象征涵义的文体类型，童话的象征隐喻之美几乎是其与生俱来的美学特质。

童话所创设的幻想世界，在现实生活中并不存在。但透过表象看本质，我们又会发现，在这些奇异的世界中却处处闪耀着现实社会的折光，是现实中的人们对于幻想中美好世界的向往和憧憬。无论是安徒生所创造的海底"人鱼世界"（《海的女儿》），还是张天翼笔下的"唧唧王国"（《大林和小林》），或是郑渊洁所畅想的"魔方城"（《魔方大厦》），都具有很深刻的现实象征寓意。

阅读童话，就要读懂童话在故事之外所隐喻的深刻含义。比如在《绿野仙踪》这篇童话中，无脑的稻草人、无心的铁皮人和胆小的狮子各自隐喻着什么？多萝西和她的小伙伴们苦苦找寻的大魔法师奥兹，为什么是一个大骗子？多萝西和小伙伴们又是如何实现他们的愿望的？理解了这些隐喻，才算真正读懂了《绿野仙踪》这部童话。同样的，《海的女儿》中的那个美丽的海底世界，不正是表现了人类对于美好爱情和崇高精神品质的渴望与追求吗？《大林和小林》中的那个光怪陆离的"唧唧王国"，不正是对资产阶级贪得无厌、不劳而获的丑恶本质的深刻揭露吗？而《魔方大厦》中变化多端的"魔方城"，也表现了现实中孩子们对自由快乐的游戏精神的倾心向往和自由追求。这些富有想象力的描写，都极其自然地构成了童话的意蕴中心或思想灵魂，深化了童话中所传达的人情与哲理。

幽默、唯美的语言

童话的语言是生动幽默、充满童趣的。比如《长袜子皮皮》中的这段文字："（猴子）纳尔逊先生喝完了他那杯水，把杯子翻过来扣在自己头上。皮皮一见，马上照办，可杯子里的巧克力还没喝光，脑门上一小道棕色的水流下来，流到鼻子那里，皮皮伸出舌头把它止住了。'一点也不能浪费。'她说。汤米和安妮卡小心舔干净他们的杯子，然后把它们扣在头顶上。"看，一个顽皮可爱的小女孩形象跃然纸上，读来令人忍俊不禁。

童话的语言还具有唯美的特点，善于营造奇幻的氛围，创造浪漫的环境。例如《故宫里的大怪兽》中的描写："看着那圆滚滚的车轮，我仿佛可以听见火车正拉响汽笛缓缓进展的声音。今天清晨，在最后一颗闪闪发亮的星星即将从古柏树上方落下的时候，它应该就是这样开进御花园的吧？"阅读这段文字的时候，你的面前是否出现了这样一幅奇特的画面：清晨，故宫的御花园，一切都是那样静谧而美好，突然，一列庞大的火车嘶吼着打破了故宫的寂静……它从哪里来？它来干什么？

在阅读时，关注童话丰富的语言，能够更好地发现童话之趣，感受童话之美。

📖 童话可以怎么读

梳理并画出结构图

利用思维导图梳理童话的结构，可以帮助儿童提取有效信息，梳理出童话的故事脉络，便于儿童深入理解童话。具体来说，可以带领孩子通过时间轴、情节峰谷图、鱼骨图、故事地图等来梳理童话故事结构。

例如读《长袜子皮皮》一书，就可以使用时间轴梳理故事情节，了解在皮皮与杜米、阿妮卡的交往过程中，三人是如何建立深厚的友谊，又是如何慢慢成长的。这种梳理方法，重在帮助孩子了解事件发展脉络，形成整体感知。

再如读《老鼠记者之鼠胆神威》一书，可采用绘制故事地图的方法梳理故事情节，帮助学生理解杰罗尼摩是如何在蚊子谷经历各种磨难，最终克服恐惧的。这种梳理方法，重在帮助孩子想象童话世界的虚幻空间。

预测情节的发展变化

小学语文统编教材三年级第一学期的教材中，要求孩子在阅读中掌握

"预测"的策略，即能够根据有限的线索，对后续故事情节进行推想、猜测。

通过"情节预测"，可以激发孩子浓厚的阅读兴趣，帮助孩子养成一边阅读、一边思考的习惯，培养创造性思维。

在"预测"策略中，可以让孩子用"我读到了（　　），我预测（　　），因为（　　）"这样的句式，表达自己是如何根据看到的信息，对后面的情节进行预测的。

"预测"可以在读前和读中两个阶段进行。

在阅读之前，可以根据文本的题目、插图等预测故事的人物、情节等。例如《皇帝的新装》，从题目可以预测"这篇童话的主人公是谁？故事情节和他的新衣服有什么关系？"等。预测的最大好处，是让孩子带着"验证"的想法去阅读，增加阅读的趣味性。

在阅读过程中，孩子还可以根据已知情节预测事件的未来发展。比如《老头子说话总是对的》一文，看到老头子一次次调换物品，孩子们可能会这样预测："老头子还会把手里的东西换成什么？""老头子回家后，老婆婆会有什么表现？"

每一次预测后，都需要孩子在阅读中进行"验证"。预测结果若与故事的发展一致，固然能带来成功的喜悦；即使故事的发展与自己预测的并不一样，相信同样会给孩子带来惊喜和收获。

分类积累童话语言

分类积累，指的是引导孩子归类积累童话中优美的语言，例如将摘录到的词句分为"人物类""环境类""状物类"及"哲理类"等。在阅读过程中，运用分类积累的方法，能够帮助孩子积累童话中那些优美的语言，逐步养成科学分类的良好习惯。

比起单纯的摘抄好词好句，分类积累的益处在于，孩子在分类过程中会自然而然地思考以下问题："这个词语表示什么？为什么放在这里？""这个句子将来可以用在何处？"在分类积累时，可以鼓励孩子从词语积累开始，逐步过渡到句子积累。

在游戏中感受童话主旨

在读中玩，在玩中读，将游戏活动引入童话阅读，可以让孩子尽情释放天性，满足玩乐的渴望。

比如阅读《好心眼巨人》一书时，可以让孩子制作出色彩斑斓的"梦卡片"，可以是"摇铃铛""仙境游"的美梦，也可以是"陷沼泽""进旋涡"的噩梦，然后用自制卡牌玩游戏。

再如阅读《绿野仙踪》一书时，可以把多萝西和小伙伴的形象做成一个个小棋子，把他们的历险故事做成一副游戏棋。根据故事的内容，设计前进或者倒退的数目，如"获得田鼠女王帮助，前进1格""遇到西方女巫，被抓进监狱，停1轮"等。还可把书中的一些情节设计成"机会卡"，甚至可以在游戏棋中加入一些自己想象的情节，最后看看谁先走到终点。

喜爱游戏，是孩子的天性。在读读玩玩中，孩子的想象力和创造力能得到充分激发。这样的阅读，也是充满童趣的。

二、 和孩子一起阅读《皮皮鲁传》

关于《皮皮鲁传》

《皮皮鲁传》是中国现代"童话大王"郑渊洁的代表作品之一。全书分为"皮皮鲁正传"和"皮皮鲁外传"两个部分，其中"正传"收录了8个中篇故事，"外传"收录了26个短篇故事。故事之间既独立又有联系，能帮助孩子从以图画为主的阅读，逐步过渡到以文字为主的整本书阅读。

故事主人公皮皮鲁聪明淘气、正直善良，带着双胞胎妹妹鲁西西一起，经历了各种令人意想不到的奇遇惊险。故事曲折生动，文笔活泼幽默，深受广大孩子的喜爱。

为什么读《皮皮鲁传》

《皮皮鲁传》由若干故事组成，对于刚开始阅读文字读本的孩子来说，篇幅长短比较适宜。

　　本书的故事想象丰富，情感真挚。书中既有孩子们熟悉的生活场景，又有他们喜欢的幻想世界。同时，本书"真善美"的主题，也可以帮助孩子构建积极、健康的情感世界。

　　书中人物性格刻画鲜明，文笔生动、优美，语言风趣幽默，容易引起孩子共鸣，激发他们浓厚的阅读兴趣。

《皮皮鲁传》阅读建议

　　读中长篇文学作品，重要的是让孩子"读来轻松有趣"。因此，请允许孩子选读他们感兴趣的故事吧。

　　家长应尽量保持童心，和孩子一起进入奇幻的童话世界。这样，才能带领孩子一起享受童话阅读的快乐。

　　阅读前，家长可与孩子一起观看相关的影视资料，如纪录片《艺术人生——童话大王郑渊洁》、电影《皮皮鲁与鲁西西之罐头小人》等，了解本书作者与主人公皮皮鲁的故事。

　　建议在两周内读完本书，开展七次亲子阅读活动。

活动一　　制作书签

活动二　　绘制故事线索图

活动三　　制作人物信息卡

活动四　　绘制人物关系图和性格分析图

活动五　　制作情节预测卡

活动六　　制作游戏棋

活动七　　聊聊"我心目中的童话之最"

《皮皮鲁传》亲子阅读活动

阅读活动一　　制作书签

　　本次活动，属于全书阅读的启动阶段。希望通过情节"预测"，激发孩

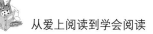

子阅读童话的兴趣。开展制作书签活动，帮助孩子养成良好的阅读习惯。制作的书签，还可以供孩子在阅读中使用。

活动前，准备空白书签若干（也可用形状相似的卡纸代替），流苏、彩笔等物。

步骤1. 亲子共读《皮皮鲁传》目录。

【温馨提示】

读目录，主要是为了了解本书的主要内容。在阅读目录的过程中，家长可以和孩子一起讨论：看了目录上的内容，你喜欢其中的哪些故事呢？根据选择的阅读内容，怎样做一份简单的阅读计划呢？

步骤2. 选择感兴趣的故事，根据名字进行预测，做成书签（见图4-1）。

图4-1 《皮皮鲁传》书签

【温馨提示】

"预测推论"是一种常用的阅读策略，是指根据阅读中获得的各种线索，对下面的阅读内容进行各种推想、猜测。

本次活动，启发孩子从以下角度进行"预测"：

从故事情节角度，预测故事的起因、结果。

从故事人物角度，预测故事中的大英雄、大反派。

从人物形象角度，推测人物的长相特征。

从故事主题角度，预测故事关键词，如"友情""正义"等。

家长也可以和孩子一起进行预测。不同想法的碰撞，会让孩子的阅读兴趣大大增加。

有时候，孩子们更喜欢用图画来表达自己的想法，所以在制作书签时，可以让孩子选择自己喜欢的形式，将图片与文字相结合。

阅读活动二　绘制故事线索图

绘制故事线索图，有利于孩子理解故事内容，感受童话故事情节曲折反复的文体特点。本次活动，我们将通过绘制两种不同形式的故事线索图，梳理童话的故事情节。

活动前，准备好 A4 白纸、彩笔等物品。

步骤1. 亲子共读《红沙发音乐城》。

步骤2. 找找故事中红沙发音乐城一共创作了哪几首乐曲，读懂每首乐曲都有什么神奇之处。

交流提示

红沙发音乐城一共创作了六首乐曲。每首乐曲都帮助主人公皮皮鲁解决了生活、学习中的一个难题，然而，每首乐曲引发的结果却各不相同。故事条理清晰，充满各种意想不到的趣味，充分体现出童话情节曲折、反复的特点。

步骤3. 给每首乐曲起一个名字，用故事线索图的形式画下来（见图4-2）。

图4-2　故事线索图1

步骤4. 红沙发音乐城创作的每一首曲子都有着曲折的经历，试着画出任意一首乐曲的故事线索图（见图4-3）。

图4-3　故事线索图2

【温馨提示】

　　绘制第一张故事线索图时，应鼓励孩子大胆发挥创意，用各种形状绘制六首乐曲的故事线索图。线索图可以是几个音符，也可以画成其他形状，如环形、曲线形、特殊图案等。

　　第二张故事线索图，也叫"峰谷图"，是用山峰与山谷的形状描述事情发展过程的一种思维导图。绘制过程中，可以根据自己的理解，将故事中令人快乐的情节作为"山峰"，把令人不愉悦的情节作为"山谷"；也可站在书中人物的视角上，把书中人物跌宕起伏的心情设计成"峰谷"。

阅读活动三　制作人物信息卡

　　阅读童话，就要注意积累童话人物的各类信息，如外貌性格、兴趣爱好、人物关系……本次活动，我们和孩子一起制作人物信息卡，引导孩子在阅读过程中不仅会读故事，还会关注人物。

　　阅读前，准备好材质较厚的纸，便于保存制作的人物信息卡。

步骤1. 亲子共读《名画风波》。

步骤2. 找找故事里写了几个人物，讲了什么故事。

交流提示

　　《名画风波》的主要人物有皮皮鲁，油画少女莎莉，侦探陈，F国大使等。

　　故事讲述的是：皮皮鲁来到美术馆，被一幅17世纪欧洲大画家的作品深深吸引住了，直到美术馆关门，皮皮鲁在路上还想起那幅油画上的少女和牧羊犬。

　　皮皮鲁正坐在大树下休息，突然，有人在皮皮鲁背后拍了一下，回头一看，竟然是那幅油画上的少女（莎莉）和牧羊犬。皮皮鲁喜出望外，把他们带回了自己的家里……但最后，侦探陈还是把莎莉和牧羊犬带走了。

步骤3. 挑选一个自己感兴趣的人物，聊聊"可以从哪些方面收集人物信息？"。

交流提示

人物信息可以包括姓名、性别、外貌、血型、爱好等，也可以包括自己对人物的判断，如人物的本领、优（缺）点、性格等。

步骤4. 再读故事，找到相关的人物信息。

步骤5. 制作人物信息卡。

【温馨提示】

人物信息卡可以分成两部分：基本信息和人物画像。对基本信息应标注"信息来源"，引导孩子通过阅读提取所需的信息（见图4-4）。

图4-4　人物信息卡——皮皮鲁

绘制人物画像的目的，是让孩子用图画语言表达对文本内容的理解。在阅读中，要引导孩子关注书本中人物的肖像描写。

制作过程中，建议家长先和孩子交流想法，然后合作完成信息卡制作。也可各自独立完成，最后相互交流。

阅读活动四 绘制人物关系图和性格分析图

如果说，人物信息卡能帮助孩子初步认识人物，那么进行多角度的分析，则会让孩子进一步读懂童话中的人物。本次活动，将通过绘制人物关系图和性格分析图的方式，让孩子理解童话中人物之间错综复杂的联系，感受童话人物丰富的内心世界。

活动前，请准备好专用文件袋，收纳读书作品。

环节一 画人物关系图，分析人物之间的联系
步骤1. 亲子共读《皮皮鲁日记》。
步骤2. 找找故事中出现了哪些人物，将他们全部罗列出来。

【温馨提示】

罗列故事中的所有人物，是绘制人物关系图的第一步。

书中的人物，有主有次，而且彼此间一定存在千丝万缕的联系。找出这些人物后，就要进行必要的筛选，留下一些相对更加重要的人物，把某些无关紧要的人物"剔除"出去。

步骤3. 选择一个人物作为关系图的中心人物，将其他人物与这个中心人物用线连起来。
步骤4. 在人物之间的连线上做标注，说明他们之间的关系（见图4-5）。

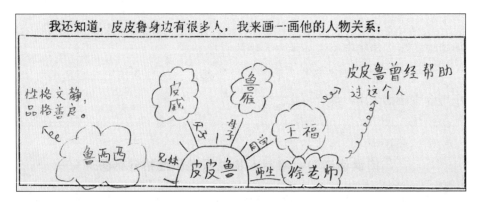

图4-5　人物关系图

【温馨提示】

　　绘制"人物关系图"时，"中心人物"可以是故事的主人公，也可以是其他感兴趣的人物。为了让人物关系更加清晰，还可以先对人物进行分类，比如"家人""同学""朋友"等。在人物连线上进行标注时，除了可以标明彼此之间的关系，还可以标注人物之间的联系，比如"相互评价""共同经历"等，让人物关系图的内涵变得更丰富。

环节二　画性格分析图，读懂人物的内心世界

步骤1. 亲子共读《网缘》。

步骤2. 找到描写人物外貌、语言、神态、动作及心理活动的语段，在书上或书签上做适当的批注。

步骤3. 用"气泡图"对人物性格进行分析。

步骤4. 绘制性格分析图（见图4-6）。

【温馨提示】

　　绘制性格分析图时，需要引导孩子从对人物的"单一角度评价"转化为

"多角度评价"。比如图4-6所示的学生作品，就是从"天资""性格""品质"三个方面，对皮皮鲁进行了多角度的评价。

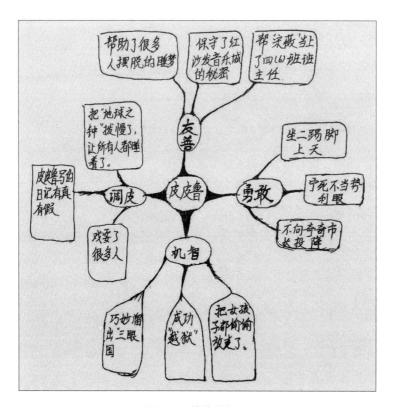

图4-6　性格分析图

此外，还可以引导孩子对人物进行"有依据的评价"。例如，在评价皮皮鲁是一个"友善"的人时，小读者就列举了他关心、帮助他人的诸多事例，并以此作为评价依据。这样的评价，可以加深孩子对书中人物的认知，让思维变得更加立体和深刻。

阅读活动五　制作情节预测卡

本次活动，家长将和孩子一起制作情节预测卡，一边阅读，一边顺着故事情节去不断猜想。这样的过程，有如在一座陌生的树林中摸索前行，能让孩子充分感受到阅读的乐趣。

活动前，请准备好笔和空白的"情节预测卡"。

步骤1. 亲子共读《皮皮鲁蒙冤记》。

步骤2. 使用情节预测卡，对后续情节进行预测（见图4-7）。

阅读篇目	《 皮皮鲁蒙冤记 》
我的预测	皮皮鲁会用这种能力帮助别人，也可能会拯救世界
我的依据	①皮皮鲁是一个很正义的人。 ②皮皮鲁做过这样的事。
预测结果	猜到了一半，皮皮鲁总是被误会，让我挺难过的。

图4-7 情节预测卡

【温馨提示】

《皮皮鲁蒙冤记》故事较长，由几部分组成，非常适合进行情节预测。

"预测"方式有多种：可以在每部分结束时进行"预测"，也可以在情节发展过程中进行"预测"。

和第一次"预测"活动有所不同，此次"预测"，是孩子根据阅读中的已知信息，如故事情节的逻辑、人物的语言行为、故事的细微线索，对后续情节进行合理的猜想，重点在于说出"预测"的依据。

进行情节预测时，可以引导孩子按照下面的句式进行表达："我读到_____，我预测_____，因为_____。"

阅读活动六 制作游戏棋

喜爱游戏是孩子的天性。本次活动，将通过制作游戏棋的方式，激发孩子的阅读兴趣。在制作过程中，需要孩子养成仔细阅读、边阅读边思考的习惯。在阅读中获取的信息越多，游戏棋的内容就越丰富。

活动前，请准备A4白纸、彩笔、废弃棋子等物品。

环节一　活动准备

步骤1.亲子共读《皮皮鲁外传》。

步骤2.梳理清楚故事的情节，找出故事里的主要人物。

步骤3.聊聊对故事人物的看法。

【温馨提示】

读故事，聊人物，是为了了解书中更多的人物，为下面的活动环节做准备。

《皮皮鲁外传》中有上百个大大小小的人物。他们身份迥异，性格不一，非常适合用来制作游戏棋。阅读时，可以引导孩子做好笔记，把感兴趣的人物名字及性格特征记下来。

环节二　制作游戏棋

步骤1.为感兴趣的故事人物制作人物棋子。

步骤2.绘制故事棋盘，挑选故事情节并进行恰当的概括，如"误入三眼国""从监狱中逃脱"等。

步骤3.设计游戏棋规则（包括游戏方法、胜负条件等）。

步骤4.一起玩玩游戏棋（见图4-8）。

【温馨提示】

在制作人物棋子时，可以先画简单的人物头像，再把它们贴在棋子上。

在绘制棋盘时，建议选择适合的故事情节，设置前进或者后退等奖惩办法。也可以设计一些"问题卡"，里面附有正确答案和奖惩条件。问题卡的内容应围绕着阅读材料展开，形式可以多种多样。

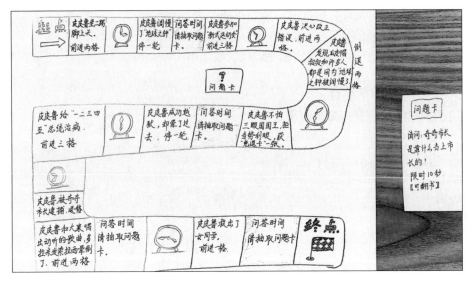

图4-8 "皮皮鲁外传"游戏棋

在设计规则时，可以让孩子结合其他游戏棋的玩法提出具体细则，比如投掷色子，增加游戏关卡，设置胜负条件，等等。

阅读活动七 聊聊"我心目中的童话之最"

这是童话书《皮皮鲁传》的最后一次亲子共读活动，建议在孩子读完全书后开展。

活动中，家长可以带着孩子简单回顾本次阅读的过程，重温那些精彩有趣的故事和人物，然后找出心目中的"童话之最"。希望此次活动，不但是《皮皮鲁传》阅读活动的总结，更是下一次童话阅读的起点。

环节一 回顾阅读之旅

步骤1.聊一聊书中的故事。

步骤2.找找这些故事中的"_____之最"，并说说理由。

步骤3.聊一聊书中的人物。

步骤4.找找这些人物中的"_____之最"，并说说理由。

【温馨提示】

活动开始后，建议用"接龙游戏"或者"小竞赛"等趣味方式进行阅读回顾。比如"比比谁记住的故事多""比比谁记住的人物多"。

在交流人物和故事"之最"时，可以依托对童话中某人物、某故事的评价，比如"最机智的人物""最离奇的故事""最烧脑的情节"。本环节的重点是让孩子充分表达自己的观点，在相互的交流印证中加深对本书的理解。

环节二　写出心目中的"＿＿＿＿之最"

可以通过填表的方式，写出孩子心目中的"＿＿＿＿之最"（见图4-9）。

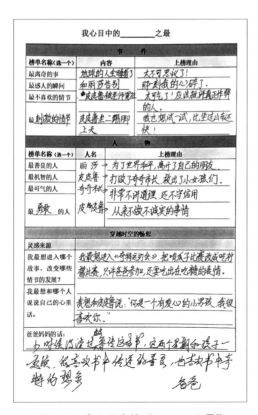

图4-9　我心目中的"＿＿＿＿之最"

【温馨提示】

- -

　　在讨论交流的基础上，让孩子将自己内心真实的想法写下来，对他们来说，这是一份珍贵的阅读记录。所以无论写得如何，请给予孩子最热烈的赞美和鼓励！请相信，您的赞美和鼓励，将是孩子阅读旅途中最珍贵的礼物！

- -

　　环节三　推荐更多的童话书

可以和孩子进行讨论，并按孩子的阅读兴趣推荐更多童话书。

结　语

童话，如此美好

所以

请陪伴孩子读更多童话吧！

愿生活

永远如美丽的童话

愿爱的精灵

永远驻守在

你葱茏的精神花园里……

读书也是一种"玩"

兴趣，是鼓舞和推动孩子们阅读的巨大动力。"知之者不如好之者，好之者不如乐之者。"人有学步时，读有起步时。一个孩子有了阅读兴趣，才能从内心深处对课外阅读产生主动需要，才会十分自觉地开展课外阅读，并乐在其中。

研究表明，因为年龄的关系，小学生往往很难保持持久的阅读兴趣。因此，在阅读过程中增加一些活动环节或游戏元素，对提高孩子的读书兴趣将起到非常重要的作用。

人，对于未知总是充满好奇的。所以在阅读开始时，可以让孩子们先猜一猜：猜人物命运，猜故事结局，猜某个物件在书中的作用……猜测的过程，其实就是思考的过程。带着猜测去阅读、印证，阅读自然就充满了无穷的趣味。

喜欢玩乐，这是人的天性。阅读当然应该尊重天性，把读书和"玩"有机结合起来：边唱边读，边跳边读，边玩边读。

孩子的内心总是充满了好胜心，开展阅读活动时一定要充分利用好这一点。比如在阅读热身环节，可以比谁认识的书中人物更多；在阅读交流环节，可以竞争一下"最佳辩手""最佳朗读者"等名号；在阅读结束后，可以组织各类知识竞赛。竞争，能激发孩子的内驱力和好胜心，让孩子在阅读时始终处于一种兴奋状态。

在读中玩，在玩中读，让每一个孩子都动起来。做任何探秘，都有其内在规律，整本书阅读也不例外——兴趣，始终是引领孩子们持续、深入阅读的最好的老师。

第五讲
小故事，大道理

亲爱的家长，在孩子成长的道路上，您是第一位导师。孩子有太多的道理需要明白，但是，简单说教并不一定能使他们接纳。

请带着孩子读读寓言吧！寓言是人类智慧的结晶，它将各种人生哲理蕴含于短小、有趣的故事中，在轻松的阅读体验中，孩子感悟着人生的真谛，进而将其化作自己的认知。

在众多的寓言作品中，我们向您推荐两本优秀的寓言故事书——《中国古代寓言》和《伊索寓言》，并将为您提供一些亲子阅读小妙招。

一、寓言阅读指南

什么是寓言

寓言，是一种用比喻性的故事寄寓意味深长的道理的文学形式，常常带有讽刺或劝诫的性质。

寓言最基本的特征是主题富有寄寓性，它总是巧妙地将深刻复杂的道理蕴藏在简单浅显的故事之中，使人在莞尔一笑的同时，不禁掩卷沉思。

寓言大多篇幅短小，语言简练，结构简单；寓言多以"说理"为核心，具有鲜明的讽刺性和教育性；寓言常常采用夸张、拟人的手法塑造人物形象，表达作者的思想，对世人起到警示或者劝诫的作用。寓言故事一般采用"讲故事—说道理"的双线结构。有些寓言的寓意直接呈现在故事中，有些寓言的寓意蕴含在故事中，需要读者细细体会。

为什么要读寓言

寓言篇幅短，表达更趋于口语化，阅读难度较低，符合儿童的阅读心理特点。

寓言作为一种文学体裁，具有文学熏陶、审美教育和情感培养等作用，有助于提升孩子的综合素养。我国著名儿童文学家严文井曾说："……寓言是一个魔袋，袋子很小，却能从里面取出很多东西来，甚至能取出比袋子大得多的东西。寓言是一个怪物，当它朝你走过来的时候，分明是一个故事，生动活泼；而当它转身要走开的时候，却突然变成了一个哲理，严肃认真……"通过阅读寓言，孩子们可以发现生活内在的意义，打开心灵之门，启发智慧，让思维变得更活跃。

小学语文统编教材三年级第二学期的"快乐读书吧"中专门推荐了《中国古代寓言》《伊索寓言》和《克雷洛夫寓言》等书，这也说明了寓言阅读的重要性。

寓言可以读些什么

寓言故事情节简洁，寥寥数笔便勾勒出事情的来龙去脉。读寓言故事，就要读懂故事的起因、经过、结果。

寓言中有丰富多彩的形象。主人公可以是人，也可以是拟人化的动植物或者其他事物。读者记住了一个鲜活的形象，也就接受了一个道理。如解牛

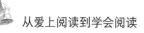

的庖丁，守株待兔的农夫，吃不到葡萄的狐狸……在日常生活中，往往只要提起某个形象的名字，人们就知道这是在讲什么道理。还有些寓言故事被浓缩成一个个成语、歇后语，活跃在人们的语言中，以此教育、警醒世人。比如"南辕北辙""螳臂当车""不自量力"……

所以，阅读寓言，不仅充满了趣味，而且容易引发思考，继而修炼自己的言行和品德。

寓言可以怎么读

梳理脉络，读懂故事

在"讲故事—说道理"的双线结构中，梳理故事线是读懂道理的基础。不同类型的寓言，表达寓意的方式也有所不同。有些寓言故事，是只讲故事而不点明寓意的。对于这样的寓言，就更应该先读懂故事，再从故事中提炼出作者所要表达的寓意。

孩子在阅读寓言时，可以通过提炼关键词、关键因素等方法，借助"峰谷图""时间线"等形式制作思维导图，梳理寓言的故事脉络，发现、归纳故事背后的寓意。

建立形象，体悟道理

寓言的重点在于"说理"。孩子们可以从读懂形象开始，通过感受寓言人物的语言和行动，寻找人物的可笑之处、荒诞之处、反常之处，慢慢理解寓言借助具体人物形象所揭示的深刻道理。

比如阅读中国古代的寓言故事时，就可以通过画一画、说一说、演一演等多种方式，让孩子心里住进一个个鲜活的人物——那个天天嚷着喜欢神龙的叶公，那个天天守在树桩边的宋人，那个宁可相信尺码也不相信自己那双脚的郑人……这些人物，其实就是一面面镜子，劝诫读者不要重复他们的错误。再如读西方寓言，也可以用上述方法，记住寓言中的许多动物形象——那只站在葡萄架下的狐狸，那头被蚊子搭救的狮子，那条站在河边蛮不讲理的狼……记住了他们的典型形象，或许就会慢慢明白，应当如何看待这个世界，如何与这个世界相处。

广泛联系，进行思辨

寓言故事篇幅短小，阅读时需要将多篇寓言联系起来，从题材、形象、道理等不同角度进行思辨。

有些寓言的故事内容不同，说理方式也有所不同。《凿井得人》让人思考的是"如何面对传言"，《画蛇添足》讽刺的是那些做完了事却多此一举的蠢人，《庄稼与野草》则劝诫人们，做任何事都要讲究"度"……孩子在阅读寓言时，需要通过交流、思辨来细细品味这些寓言的道理。

有些寓言的故事内容虽不同，但是阐述的道理却是类似的。比如《杯弓蛇影》《疑邻偷斧》《疑心生暗鬼》等寓言，其实都在阐述"做人不可太疑神疑鬼，否则只能徒增烦恼"的道理。这样的例子有时甚至跨越时空，例如《伊索寓言》中的《农夫与蛇》和《中国古代寓言》中的《东郭先生和狼》，它们的寓意极其相似，都告诉人们不要对恶人心存仁慈的道理。孩子可通过联系阅读增长知识，领悟寓意，提升认知。

随着时代的变迁，今天的读者或许会从新的视角去解读那些寓言故事，从而产生不同于传统的思考。例如《买椟还珠》的故事，如果从卖宝珠商人的角度看，那位客人的做法显然是愚蠢的，因为宝珠的价值明显更高；但是从客人的角度看，他真正喜欢的是盒子，所以在他的眼里，这又何尝不是一种明智的选择？文学的客观意义大于作者的主观意图，同样的，对寓言可以有不同的解读，这或许就是寓言经久不衰的原因所在吧。

二、 和孩子一起阅读《中国古代寓言》《伊索寓言》

关于《中国古代寓言》《伊索寓言》

本节推荐的《中国古代寓言》和《伊索寓言》，均由人民教育出版社编

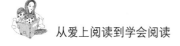

辑出版，曹文轩、陈先云担纲主编，适合三年级及以上学段的孩子阅读。

《中国古代寓言》收集了中国古代70余篇寓言，由六部分组成，多为春秋战国时期的故事。

相传，《伊索寓言》诞生于公元前6世纪，由被释放的古希腊奴隶伊索收集的许多民间故事集合而成，它对后代欧洲寓言的创作产生了重大的影响，不仅是西方寓言文学的典范之作，也是世界上传播次数最多的经典作品之一。

为什么读《中国古代寓言》《伊索寓言》

《中国古代寓言》凝结着中华民族的智慧，书中的寓言故事大多来自历史传说或民间故事，题材广泛，形式活泼，读起来轻松有趣。今天，我们读到这些故事，仍然会被它们深深地吸引，收获众多的思考和启示。

《伊索寓言》作为世界上最古老的寓言作品，在世界范围内都有很大的影响。它通过一个个简短而精炼的小故事，揭示日常生活中那些不为我们察觉的哲理。这些小故事言简意赅，平易近人，富有哲理。这本书不但读者众多，而且在文学史上也具有重大影响。

《中国古代寓言》《伊索寓言》阅读建议

寓言篇幅短小，阅读难度低。在亲子共读过程中，可以按照目录顺序阅读，也可以根据孩子的兴趣选读、跳读。

建议三周内完成两本书的阅读，开展5次亲子阅读活动。

活动一　画寓言连环画

活动二　做寓言故事盒子

活动三　给寓言动画片配音

活动四　做寓言人物手指玩偶

活动五　制作寓言阅读小报

📖《中国古代寓言》《伊索寓言》亲子阅读活动

阅读活动一　画寓言连环画

本次活动，家长将带着孩子一起阅读，充分发挥孩子喜爱涂涂画画的天性，指导孩子先梳理寓言的故事情节，再通过连环画的形式把寓言故事呈现出来。

活动前，准备若干白纸、彩笔。

步骤1. 亲子共读《中国古代寓言》《伊索寓言》的目录，标注已经阅读过的寓言。

步骤2. 玩玩"寓言故事知多少"小游戏。

【温馨提示】

方法一：家长提示寓言故事的人物信息，孩子猜故事名称。

方法二：家长朗读寓言里的句子，孩子猜故事名称。

步骤3. 由孩子选择一则感兴趣的寓言，然后进行亲子共读。

步骤4. 梳理故事脉络并讨论：这则寓言分成几个部分？可以画成几幅画？

交流提示

连环画，就是使用多幅画面连续叙述故事，又称"小人书"。

将寓言故事用连环画形式表现出来，首先需要梳理寓言的脉络。以下几种梳理脉络的方法供参考：

方法A：用表格梳理故事脉络（以《狮子与老鼠》为例）。

第 一 次	第 二 次
老鼠被狮子抓住	老鼠答应报恩，狮子轻蔑一笑
狮子被猎人抓住	老鼠救走狮子，狮子惭愧不已

方法B：寻找故事关键词梳理脉络（以《郑人买履》为例）。

方法C：用"峰谷图"梳理故事脉络（以《叶公好龙》为例，见图5-1）。

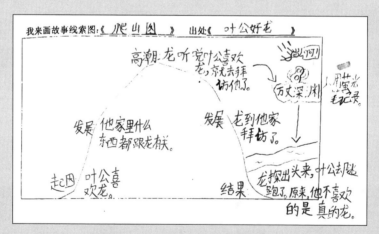

图5-1 《叶公好龙》故事线索图

在梳理故事脉络的时候，需要根据故事结构选择合适的方法。除了上面介绍的三种方法之外，可鼓励孩子开动脑筋，独创一种故事脉络的梳理方法。

步骤5. 亲子合作完成连环画，并为连环画制作封面、封底（见图5-2）。

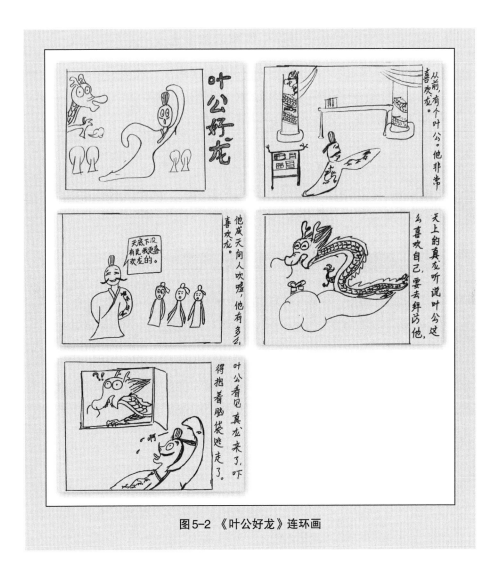

图5-2 《叶公好龙》连环画

【温馨提示】

在制作连环画的过程中，提示孩子把画面尽可能画得丰富一些。配文字时，注意言简意赅。

封面上建议画些寓言中的典型人物或场景，用醒目的字体书写寓言名称。

封底右下角一般写作者名字及创作日期。

阅读活动二　做寓言故事盒子

本次活动，家长和孩子将一起动手制作故事盒子，让孩子更直观、立体地表现寓言中的人物和故事，从而激发孩子的阅读兴趣。

活动前，请准备一个方形纸盒，若干彩纸、彩笔。

环节一　制作故事盒子

步骤1. 挑选一则适合制作成故事盒子的寓言，说说这则寓言的主角是谁，讲了什么事，告诉人们什么道理。

> **交流提示**
>
> 对于孩子来说，步骤1的难点在于讲清楚寓言说了什么道理。尤其是中国古代的寓言故事，其道理通常不会直接出现在文字中，需要理解并提炼。
>
> 下面是讽刺类寓言的寓意提炼方法，供参考：
>
> 找出此人的做法→分析此人的想法→指出此人的错误→概括悟出的道理
>
> 寓言《南辕北辙》的寓意提炼如图5-3所示。

图5-3　《南辕北辙》寓意提炼

步骤2.打开纸盒，在内侧进行彩绘，制作故事背景。

【温馨提示】

在制作故事背景时，可以充分"就地取材"，例如孩子的玩具、积木等，都可以成为背景的一部分。

步骤3.制作人物插片，进行交流。

【温馨提示】

制作人物插片时，首先应当找到这个人物的最大特点，尤其要关注人物的动作、神态。例如对《南辕北辙》的主人公，就可以在画像上突出此人自鸣得意的神情，也可以通过特写动作，如手拿金元宝等，突出他的无知。

在某些故事中，同一人物可以做多个人物插片。如《叶公好龙》中的叶公，就可以制作成两个人物插片：一是叶公逢人吹嘘的模样，特别注意他身上有关"龙"的诸多细节；二是叶公看到真龙后抱头鼠窜的狼狈模样，突出他的神态动作，起到强烈的讽刺效果。

图5-4 《南辕北辙》故事盒子

环节二　玩玩故事盒子

步骤1. 分配人物角色。

步骤2. 一边摆放人物插片，一边讲故事。

【温馨提示】

- -

家长也可以加入讲故事的行列，通过言传身教，让孩子慢慢学会讲故事。为了帮助孩子把故事讲得更生动，下面提供一些建议，供参考。

有画面感的故事更能吸引人。在讲述故事时，可以加入丰富的想象，把原本简单的故事讲得生动有趣，让人"身临其境"。以《南辕北辙》为例：

……只见马车前的四匹马，身上都是健硕的肌肉，体型高大，皮肤油光滑亮，浑身上下没有一根杂毛。一看就是百里挑一的好马！再看车夫，手挽缰绳，一边聊天一边赶车。说也奇怪，只听他轻喝一声"驾"，马儿就飞奔起来。也不见他费什么力气，手腕一抖，四匹马就迈着整齐的步伐，来了个漂亮的转弯，马车速度竟然一点也没减……

一边讲故事，一边摆弄人物插片和道具插片，可以让孩子在头脑里进行丰富的联想。

有感悟的故事更吸引人。如果仅仅把故事讲完，总会让人感觉缺点什么。讲故事，是我们认识世界、学习分享的一种手段。尤其是寓言故事，在讲完后应当简要阐述自己对于故事的理解，让听众在听完故事之后有思考，有收获。这样的故事盒子，定然是受人喜爱的。

- -

阅读活动三　给寓言动画片配音

喜爱表演，是大多数孩子的共性。本次，我们设计了让孩子给寓言动画片配音的活动形式，让他们进一步感受寓言的生动有趣，激发孩子阅读寓言的兴趣。

步骤1. 通过视频网站，搜索与中国古代寓言故事或《伊索寓言》相关的动画片。

步骤2.挑选一个适合配音的寓言动画片进行亲子共读。说说这则寓言讲了怎样的故事，说了什么道理。

交流提示

　　配音应当建立在读懂寓言的基础上。了解了故事情节，读懂了故事寓意，配音时就可以加入自己的理解，让配音更加准确，富有感染力。

步骤3.说说寓言故事里有几个角色，他们都是什么样的人。分配不同的角色。

步骤4.跟着视频学说台词。

步骤5.将音量关闭，给画面配音。

【温馨提示】

　　配音，是为影片或多媒体加入声音的过程，需要孩子在自己的声音和角色间做对比和思辨。它有利于培养孩子的形象思维能力，促使孩子深入理解语言背后的内涵。在配音过程中，除了说出台词外，还要鼓励孩子在语气、语调甚至声音上进行加工创造。

　　在配音过程中，最重要的是孩子的体验感和娱乐性，至于到底配得像不像，显然是第二位的了。

阅读活动四　做寓言人物手指玩偶

　　本次活动，将通过制作寓言人物手指玩偶的方法，帮助孩子感受寓言人物鲜活的形象，加深对寓言故事的理解。

　　活动前，请准备好剪刀、彩纸、彩笔等工具。

环节一　认识寓言中的狐狸形象

步骤1. 亲子共读《伊索寓言》。

步骤2. 结合阅读聊一聊：狐狸形象曾在哪些寓言中出现过？

步骤3. 读一读与狐狸有关的寓言。说说在不同寓言中，狐狸的形象有什么不同。

交流提示

在《伊索寓言》中，有些形象反复出现。例如多篇寓言都以狐狸为主角讲述道理，如《狐狸和鹳》《狐狸和装病的狮子》《狐狸和山羊》等。

在不同的寓言中，狐狸的形象也不尽相同。《狐狸和鹳》中，有一只促狭的自讨苦吃的狐狸；《狐狸和装病的狮子》中，有一只识破狮子诡计的聪明狐狸；《狐狸和山羊》中的那只狐狸，却恩将仇报……

环节二　制作"狐狸"形象手指玩偶

步骤1. 依照手指的尺寸，将纸卷成圆筒状并粘合起来。

步骤2. 在纸上画上不同形象的狐狸头部，贴上眼睛并画上表情。

步骤3. 剪小块纸贴在圆筒上进行美化，作为手指玩偶的身体或服饰（见图5-5）。

图5-5　关于"狐狸"的手指玩偶

环节三　玩玩手指玩偶

步骤 1. 套上手指玩偶，讲讲寓言故事。

步骤 2. 用手指玩偶创编寓言故事。

【温馨提示】

- -

制作手指玩偶时，要注意通过表情来表现狐狸的不同形象。可以在画面上增加一些典型道具，比如狐狸手中的一个盘子。

除了狐狸，还可以制作寓言中其他形象的手指玩偶，比如鹳鸟、狮子、山羊等，然后用手指套上玩偶，和孩子一起表演寓言故事。

在《伊索寓言》和《中国古代寓言》中，一些具有相同特征的人物形象也会反复出现。如"截竿入城"的鲁国人，"刻舟求剑"的楚国人，都是墨守成规、不懂变通的典型代表，可以尝试着将他们做成手偶玩一玩，或许也能编出具有创意的寓言故事来呢。

- -

阅读活动五　制作寓言阅读小报

经过一段时间的阅读，孩子们已经阅读了大量的寓言故事，对寓言有了比较全面的认识。此次活动，旨在通过制作小报，整理这段时间的阅读收获。

建议在孩子读完全部寓言之后开展本次活动。

活动前，请准备 A4 白纸、彩笔、贴纸等文具。

步骤 1. 亲子交流印象最深刻的寓言，说说阅读中有哪些发现，有什么问题。

步骤 2. 确定小报的标题和栏目。

交流提示

小报内容应切合主题，小报标题力求简洁、醒目。

小报可以设置多个栏目，例如"精彩内容""我的思考""亲子活动"等。

"精彩内容"：可以摘录寓言中的精彩片段，绘制故事连环画等。

"我的思考"：可以写写寓言阅读过程中明白的道理、自己的思考、产生的问题等。

"亲子活动"：可以记录此次阅读过程中亲子互动的精彩瞬间。

步骤3. 交流阅读过程中的收获，收集整理各种素材。

步骤4. 完善小报内容，确定每个栏目的文字内容和图片。

步骤5. 制作小报，美化版面。

结　语

随着时代的发展，适合儿童阅读的读物越来越丰富，品种之繁、内容之广令人目不暇接。然而，作为人类历史上最古老的文学体裁之一，寓言依旧是孩子们认识世界、思考人生的良师益友。它像一个睿智的长者，静静地守在僻静的角落，散发着智慧的气息；它用鲜活、诙谐、幽默的方式，用一个个精炼的故事，温柔地告诉孩子们这世界真实的模样，让孩子们开始慢慢学会深一步地思考……

尊重孩子的阅读"口味"

不知道您是否也有这样的经历：假如喜欢某本书，常常会废寝忘食，夜以继日地阅读，甚至会反复读上好几遍；反之，不喜欢的书，常常应付了事甚至束之高阁。究其根本原因，可能就是书本身的问题。

所谓"强扭的瓜不甜"。要让孩子喜爱阅读，先要了解孩子喜欢什么。名著固然好，但未必适合低年龄的孩子。因此，在给孩子推荐阅读书目前，首先应该考虑的是——孩子会喜欢读吗？

每个孩子都是独特的个体，每个人的阅读兴趣及能力存在着天然的差异。他们的阅读趣味，势必带着自己的个性色彩。"萝卜青菜，各有所爱"，有人喜欢大江东去的豪放，有人偏爱小桥流水的恬静，有人欣赏孙悟空的正义与神勇，有人赞美一休的聪明与智慧……这很正常！罔顾孩子的阅读兴趣和阅读能力，把自己的喜好强加于孩子身上，其结果，必然是孩子对阅读的畏惧甚至憎恶。

当然，尊重孩子的阅读"口味"，不是一味地"迁就"和"纵容"。您需要因势利导地告诉孩子：书的世界很宽广，如果多打开一本图书，就可以发现一个更精彩、更具吸引力的世界。

想让阅读带给孩子真正的快乐，您就要尊重孩子的阅读口味；想让阅读使孩子健康成长，您就要相信孩子自己的选择。

您会发现，每一个孩子都是喜爱阅读的。

第六讲
天地有至美，仰观俯察之

科学不仅是美丽的，而且是有趣的。科学与文学也有着不解之缘，科普读物就是最好的证明。

苏联科普作家伊林说过："只有枯燥的叙述，没有枯燥的科学。"让我们一起走进科普读物的世界吧！在这里，科学的奥秘借助于精巧的构思和独特的艺术手法，生动形象地展现在读者面前。

一、 科普读物阅读指南

什么是科普读物

我们这里说的科普读物，主要指儿童科学文艺作品，也就是与科学内容相关的、儿童乐于阅读和欣赏的作品，是科学和文学融合的产物。它既可以反映科学严谨的主题，也可以与科学、社会和人生等主题并存，包括科学童话、科学故事、科学小品、科学诗歌以及科幻小说等。科普读物既有严肃的科学性，也有浓郁的趣味性，此二者在儿童科普读物中往往是兼容的。

📖 为什么要读科普读物

阅读科普读物，可以激发儿童对科学认知与探究的兴趣，激活儿童的想象力，开拓儿童的创造性思维。

科普读物往往传达准确无误的科学知识，让孩子能够了解最新、最优质的科普知识。读科普读物，能让孩子感觉到科学无处不在，它无时无刻不在影响着我们的生活，左右着我们的思维。

科普读物还能给予孩子人文精神的熏陶。科普读物的字里行间充满科学与人文的融合与渗透，能激发孩子探究大自然的兴趣，对动物、植物的珍爱，对茫茫宇宙的幻想，从而形成崇尚科学、追求真理的世界观与人生观。

科普读物常常运用丰富多样的表达方法，比如列数字、打比方、作比较等，使得抽象的科学知识变得具体而通俗。

童年的生活是充满幻想，充满纯真的。小学阶段选读的科普读物，大都将枯燥的科学知识融入了有趣的故事和生动的文字，因此深受孩子们的喜爱。

📖 科普读物可以读些什么

广泛的科学知识

科普读物涉及的题材非常广泛，所包含的内容也非常丰富，涉及自然科学的多个领域：从肉眼看不到的粒子到巨大的宇宙；从简单的机械运动到复杂的化学反应，甚至更复杂的生命运动；从史前到未来的科学现象，都在科普读物中得到反映。

小学阶段的儿童好奇心很强，广袤而神秘的大千世界在他们眼里永远是新奇、富有诱惑力的，科普读物能满足儿童的好奇心和求知欲。比如法布尔的《昆虫记》，真实记录了昆虫生活的方方面面，涵盖了昆虫的本能、习性、劳动、婚恋、繁衍和死亡等各种知识。凡尔纳的系列科幻作品《格兰特船长的儿女》《海底两万里》《神秘岛》《八十天环游地球》等，涉及地壳、海底生物、空间概念等方方面面的知识。

严谨的科学精神

科学性是科普读物的灵魂。科普读物所讲述的科学知识、科学原理以及它们应用的范围和发展方向，都要以正确的科学理论和实验为依据，尊重科学事实，进行客观分析，这是严谨的科学精神的表现。

伴随着时代的发展和科技的进步，科普读物中所传达的观点和论证也在不断更新。比如中国版的《十万个为什么》，目前已经更新到第六版，至今还在不断修订中。此外，对于科学界存有争议的或者尚未定论的科学知识及观点，在科普读物的表达和论证中均会注意措辞严谨。

同时，科普读物中常常表现出科学家的人生观，这也是一种科学精神。徐霞客凭借"达人所之未达，探人所之未知"的毅力，完成了巨著《徐霞客游记》；布鲁诺为了宣传和捍卫日心说，宁愿选择被烧死也绝不低头；法布尔在《昆虫记》中以虫性反观社会人生，充满了对生命的关爱和对自然万物的赞美……在这些科学家的身上，可以看到严谨求实的科学精神和坚持真理的献身精神。

表达的多元性

科普读物中丰富的科学知识，往往是通过多元的方式表达出来的。有的是用生动的文字，把科学知识融入故事情节中；有的是用丰富的图画、图示、表格等来介绍科学知识。

如《这不可能是真的！》一书，通过形象的图片、夸张的对比、丰富的表格和图示直观地介绍了各类科学知识；叶永烈的《小灵通漫游未来》，用文学创作的手法，通过小记者小灵通漫游未来市的所见所闻，对未来人们的衣食住行作全景式的"扫描"……这种多元形式的表达，能吸引儿童进行深入的阅读。

科普读物可以怎么读

基于科普读物的以上特点，我们认为阅读中可使用如下策略：

整体把握、兴趣为先的阅读策略

科普读物通常以读者的认识、思维逻辑顺序来安排层次，纲举目张，条理清晰。所以通篇阅读、整体感知是阅读科普读物最基本的策略。在读科普读物时，可以先通过浏览书籍了解整本书的主要内容，以及全书的结构特点，然后，通过制定计划来规划自己的阅读时间。

科普读物旨在激发儿童对科学知识的兴趣，因此其内容充满浓郁的趣味性：蝴蝶可以开舞会，有鳃的人可以在水底自由呼吸……在阅读科普读物时，可以围绕内容的特点，开展多种有趣的科学活动。如举办科学信息发布会，动手制作知识卡片和扑克牌等，都是深受孩子喜爱的阅读活动。

比如在阅读《这不可能是真的！》一书时，可以采用举办"科学信息发布会"的方式进行学习。孩子可以学着书里的样子，介绍一种科学知识，或者解释一种科学现象。家庭成员作为现场听众，可以进行提问或点评。通过多种方式营造一种充满趣味的阅读氛围。

筛选重要信息的阅读策略

筛选重要信息策略，是指学习者在学习情境中激活与维持学习心理状态，将注意力集中于相关学习信息和重要信息上，对学习材料保持高度的觉醒或警觉状态的学习策略。在科普读物的阅读中，如果不具备这种筛选重要信息的能力，往往把握不准作者在文中所要说明的事物或事理的本质。因此，可以采用绘制思维导图等方式，将科普读物中丰富的知识进行归纳、整理和记录。

在科普读物中，几乎每一篇文章都有总括性的语句，每一段落都有一个中心句。只要抓住段落的中心句，实际上就能抓住该段落的主要内容。当然，除了中心句，还要注意很多支持中心句的细节。在阅读时，需要抓住该科普读物观点的主要细节，用适当的思维导图将这些知识整合、记录下来。比如，可以用气泡图来延展复杂的知识，用流程图来记录某个科学过程，用时间轴表现某个科学事物的发展轨迹，等等。思维导图表达得越详细，越清晰，说明对科学知识的掌握程度越高。

如《不可不知的科学》一书中，就提到了各类丰富的知识。对于这些知

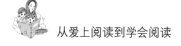

识，可以用思维导图采集并进行整合：比萨的制作过程，可以用一幅流程图来表达；喷气式飞机的结构，可以用气泡图来呈现，并延伸出更多关于喷气式飞机的探究。

启用已有知识的阅读策略

对于有些科普读物，要真正读懂、读透是比较困难的。遇到难题时，需要孩子启动以往积累的知识去解决。它包括与文章内容有关的知识，和社会、自然界相关的综合知识，有关文章组织结构的知识，等等。可以让孩子阅读、交流相关的文本，积累与该话题有关的词汇，从而激发他们的阅读兴趣。

如在读《恐龙大世界》一书时，孩子在遇到"化石"一词时可能会有疑问。如果直接查词典，或者直接给一个解释，孩子可能还是一知半解。因此，家长可以先问问孩子在哪里见过"化石"这个词语，结合看过的图片、文字以及听到的内容，说出"化石"的意思。当发现孩子表达的意思不够全面时，家长可以继续提问，让孩子有意识地把各个知识点联系起来。这样，表达会更全面，学习兴趣也会更加浓郁。

二、 和孩子一起阅读《十万个为什么》

关于《十万个为什么》

《十万个为什么》，是苏联作家伊林的一本科普作品集，由南方出版社出版。书里的文章相对独立，彼此关联并不密切，但所有文章讲述的都是生活中的科学知识。

为什么读《十万个为什么》

这本《十万个为什么》，也是统编教材四年级下册"快乐读书吧"的推荐书目，是一本典型的科普书，体现了严谨的科学思维。每个章节都以问题为标题，围绕生活中常见的科学知识进行多角度的表达。书中多采用描述性语言，生动、简洁，运用短句较多。同时还列举大量生活中的实例，与孩子的认知比较贴近，非常适合孩子阅读。

《十万个为什么》阅读建议

《十万个为什么》的亲子阅读建议如下：

建议家长和孩子用一周时间读完这本书，每天阅读时间为45分钟。

建议家长和孩子在阅读期间开展5次亲子阅读活动。

《十万个为什么》亲子阅读活动安排如下：

活动一　做一份阅读手账

活动二　举办一次科学信息发布会

活动三　玩玩"我来提问你来答"游戏

活动四　绘制问题翻翻书

活动五　制作知识扑克牌

《十万个为什么》亲子阅读活动

阅读活动一　做一份阅读手账

多彩的科学世界充满奥秘。在本次活动中，家长和孩子将一起翻开《十万个为什么》，了解书籍的主要内容，制作一份阅读手账。用这份独一无二的手账，记录下自己阅读科普读物的点滴收获。

活动前，准备好彩笔、贴纸、各类胶带等材料。

步骤 1. 亲子共读《十万个为什么》的目录。

步骤 2. 对照目录，聊聊自己感兴趣的问题。

交流提示

　　在上述亲子交流中，家长可尝试和孩子聊聊这样的话题：

　　1. 我对《铁器是用什么做的？》这个标题很感兴趣。铁器难道不是用铁做的吗？这让我非常好奇。

　　2. 为什么人要喝水？这个问题或许我能回答。因为人体内一大半都是水分，少了水人就无法存活，所以一定要通过喝水来补给。

　　3. 我想谈一谈人造食物这个话题。随着科技的进步，人造食物越来越多，甚至有人造肉出现在餐桌上，它们到底对人的身体有没有害处呢？我很想了解一下。

　　当然，我们无法预测孩子的兴趣，只能根据他们的兴趣点进行引导、交流。

步骤3. 浏览全书，了解主要内容，进一步积累手账素材。

步骤4. 制作阅读手账（见图6-1）。

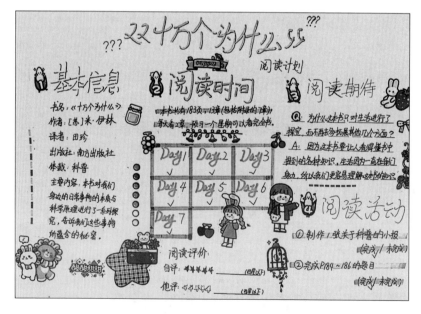

图6-1 《十万个为什么》阅读手账

【温馨提示】

关于阅读手账的制作，有以下建议：

1. 阅读手账中应该有以下内容：对书籍基本信息和主要内容的介绍；阅读进度的安排，如打算读多久，每次读多少内容等；阅读这本书的期待，如最想了解什么，目前有什么困难等；阅读这本书的主要活动。

2. 可以选用喜欢的贴纸来装饰阅读手账。

阅读活动二　举办一次科学信息发布会

科学总给人一种神秘且遥不可及的感觉，但是，用轻松、有趣的方式也可以学习科学知识。本次活动中，家长和孩子将以《第一站　自来水龙头》为例，举办一次科学信息发布会。

活动前，建议家长和孩子一起观看中国航天员在空间站授课的微纪录片，感受科学的魅力，掌握准确描述科学信息的方法。

步骤1. 亲子共读《第一站　自来水龙头》。
步骤2. 亲子交流：你对哪个科学话题更感兴趣？

交流提示

以下交流话题供参考：

话题1：人是从什么时候开始洗澡的？

交流：我发现，300年前，即使是欧洲最富有的国王，也不会每天洗澡。可是俄罗斯人却非常爱洗澡，他们国家的澡堂数量也很多。这让我非常震惊。看来，因为充足的水、肥皂和干净的环境等因素，人类也变得越来越健康。

话题2：水能不能炸毁房屋？

> 交流：原来，水的威力有时候会比炸药更厉害。特别是当水在高温下变成水蒸气时，其威力绝对不容小觑。
>
> 话题3：怎样使肥皂泡"工作"？
>
> 交流：肥皂泡之所以能够洗干净污渍，主要是因为它能吸附烟尘颗粒，这些颗粒被水带走后，物品也就变干净了。由此我还产生了一个疑问：现在的干洗技术的原理又是什么呢？

步骤3. 列发言提纲，准备用1分钟的时间来发布科学信息。

步骤4. 召集家人，布置发布会会场。

步骤5. 召开科学信息发布会并答"记者"问。

【温馨提示】

- -

关于步骤2，交流的科学话题，可以是书里出现的科学术语或者科学现象，也可以是阅读中衍生出来的科学知识。

关于步骤3，列发言提纲，建议从以下三个角度展开：

我要讲的科学信息是什么？

为什么今天我讲述这个科学信息？

对于这个话题，我的想法是……

关于步骤5，召开科学信息发布会时应注意如下事项：

1. 活动参与者都身兼双重身份——既是一名科学主播，肩负着发布科学信息的重任；同时也要做一个优秀的聆听者、学习者。

2. 聆听科学信息发布的要领有：是否听仔细、听全面；是否产生新的问题。

3. 评价科学信息发布的要领有：传达的信息是否准确；表述是否清楚连贯。

4. 为了增加活动的趣味，信息发布会可采用各种新颖活泼的展示形式，如转换人称，在演讲时用第一人称讲述，或者唱一唱、演一演。

5. 召开科学信息发布会时，台下的观众应该热烈呼应，踊跃举手提问。

阅读活动三　玩玩"我来提问你来答"游戏

本次活动中，家长和孩子将共读《第三站　餐桌和炉灶》，设计出各种问题，让对方尝试回答。通过这种富有竞争性的游戏，激发孩子的求知欲望，从而让他们对科普读物产生更浓厚的兴趣。

步骤1. 亲子共读《第三站　餐桌和炉灶》。

步骤2. 各自准备提问的内容。

步骤3. 玩玩"我来提问你来答"的游戏。

【温馨提示】

关于步骤2，提问的内容要丰富，确保游戏的趣味性。提问可以从"是什么""为什么""怎么做"等角度展开。

游戏规则：

1. 在家中设定一个游戏起点与终点，两人并排站在起点。

2. 确定问答顺序。回答正确，向前走一步；回答错误则原地不动。

3. 游戏中双方依次交换"我问与你答"顺序。

4. 先到达终点者为胜，游戏结束。

阅读活动四　绘制问题翻翻书

阅读科普读物时，孩子会产生各种各样的问题，可以把这些问题记录在画上，再把答案藏在画中画里。本次活动中，家长和孩子将以《第六站　衣柜》的内容为基础绘制问题翻翻书。翻翻书采用的是画中画的设计，书内有

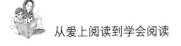

可以动手翻开的画面。

　　活动前，准备好卡片、彩笔、美工刀等材料。

　　步骤1. 亲子共读《第六站　衣柜》。

　　步骤2. 亲子交流：你读懂了哪些知识？产生了哪些问题？

交流提示

　　读懂的知识可能是：

　　1. 穿三件衣服比穿一件衣服暖和，因为保暖需要靠衣服之间的空气。空气不是很好的导热体，衣服之间的空气越多，保暖性能就越好。

　　2. 夏天不适合穿毛呢衣服的原因是：羊毛湿了以后不容易干，而夏天人体容易出汗，穿毛呢衣服会让人不舒服。

　　3. 300多年前，镜子的制造方式曾经是机密，有些威尼斯工匠甚至因为泄露制造镜子的秘密而被处死。

　　产生的问题可能是：

　　1. 现代人穿的羽绒服，是不是利用空气导热性差的原理制成的？

　　2. 现在有羊毛速干衣吗？穿羊毛速干衣会不舒服吗？

　　3. 熨烫呢子衣服时，为什么要垫一块湿布？

　　步骤3. 选择感兴趣的知识，提炼出问题和答案。

　　步骤4. 绘制翻翻书（见图6-2）。

【温馨提示】

关于步骤4的绘制问题翻翻书活动，有如下建议供参考：

1. 把一张纸对折，在第一面画上"小门"或"小窗"，沿着轮廓剪开。

2. 在"小门"或"小窗"上写问题，翻开"小门""小窗"写答案。如没有现成答案，可以通过询问家人、上网查询、阅读相关科普文章等方法来解决问题。

3. 对翻翻书的"小门""小窗"等进行美化。

4. 可多做几份，形成一本翻翻书。

5. 翻翻书有多种做法，这里列举的只是其中一种。感兴趣的家长和孩子，可以去网上搜索更多方法，激发孩子阅读科普读物的兴趣。

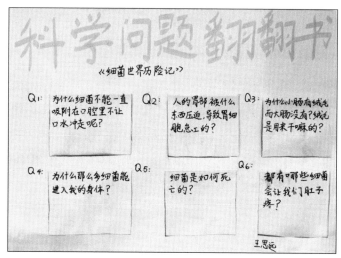

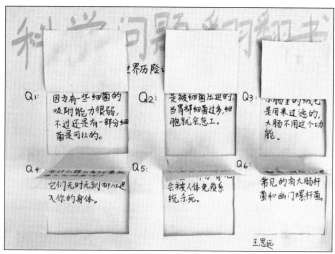

图6-2　科学问题翻翻书

阅读活动五　制作知识扑克牌

科普读物与其他文学读物最主要的区别，在于丰富而广泛的科学知识内容。本次活动中，家长和孩子将一起提取书中的科学知识，并整理出来记录在扑克牌上。玩一玩这样的趣味扑克牌，相信孩子会对科学产生更大的兴趣。

活动前，建议准备扑克牌的空白模板、彩笔和剪刀。

步骤1. 聊一聊读了《十万个为什么》后的收获。

交流提示

读后收获可以有：

1. 随着科技的进步，有更多的人造食物会出现在我们的餐桌上，但很多人造食物其实无法提供人体所需的营养。

2. 啤酒中含有碳酸。开盖和倒酒后，受到压力就会嘶嘶作响，气泡浮到表面就形成了啤酒泡。

3. 英国的第一把叉子，是一个叫托马斯·科里阿特的英国人从意大利带回来的。意大利人用巨大的叉子来吃肉，这种叉子，只有两个末端用小球装饰的齿，个头很小。

4. 铁竟然是最坚固又最不坚固的材料。

步骤2. 交流讨论：可以用怎样的形式把上述收获记录下来？

交流提示

记录的形式可以有：

1. 用文字来记录。

2. 用画笔画下来。

3. 用思维导图表示。

步骤3. 从书中梳理出54条科学知识或问题。

步骤4. 选择喜欢的形式，将知识或问题做成一副扑克牌（见图6-3）。

图6-3　科学知识扑克牌

【温馨提示】

关于步骤4中制作扑克牌的活动，有如下建议：

1. 每张扑克牌只能记录一个科学知识或问题。

2. 尽量用多元的形式来记录科学知识，如文字、图画、图示等形式。

3. 建议使用真实的扑克牌模板，鼓励孩子做出一套54张的知识扑克牌。相信在制作完成后，孩子一定会非常有成就感。

4. 在扑克牌制作完成后，召集全家人一起欣赏、做游戏。

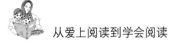

结 语

科普读物，不仅能揭示宇宙万物的真相及其运动变化，还隐藏着科学与自然融合之下的瑰丽美景。

翻开科普读物来读一读吧！你会慨叹人类探索科学的漫漫征程；你会痴迷于星空的浩瀚和宇宙的无垠；你会醉心于科技改变生活、智能带来便利的奇妙；你也会渐渐懂得，世界之大，无奇不有，人在茫茫天地间何其渺小，又何其伟大……

科学的不断进步，建立在一代又一代的人们锲而不舍、孜孜以求真理的路上。希望读了科普读物的你，能够胸怀星辰大海，尽情领略科学之美！

阅读小贴士

书，就是要读得杂一些

业宜精专，书宜杂读。

鲁迅先生曾经告诫少年朋友："只看一个人的著作，结果是不大好的：你就得不到多方面的优点。必须如蜜蜂采蜜一样，采过许多花，这才能酿出蜜来。倘若叮在一处，所得就非常有限，枯燥了。"可见杂读的重要性。

书宜杂读，是因为每个人涉猎的知识越多，眼界就会越开阔。多读一些书，对于增长见识总是有好处的。

读不同的书，可以有更多的感悟发现；读不同的书，可以锻炼发展不同的思维方式。比如，文学关注人，科学关注自然；文学家关注人文情感，科学家关注物质原理；文学重视创作，而科学更重视发现……但相同的是，两者都需要"妙悟"和"想象力"。

如果把阅读比作吃饭，那么书籍就是一道道菜肴。营养学知识告诉我们，单调的膳食结构，往往很难满足人体的营养需要。只有荤素搭配，"兼收并蓄"，才能吸收全面的营养物质来满足人体运转的需要。读书，其实和吃饭是一样的道理：只有博览群书，广泛涉猎，才能让知识结构更均衡、思维方法更全面，才能适应时代对于复合型人才的要求。

第七讲
人类文明最早的曙光

你听说过神话吗？

"云母屏风烛影深，长河渐落晓星沉。嫦娥应悔偷灵药，碧海青天夜夜心。"这是唐代诗人李商隐笔下的神话。

"沉重的铁链只能锁住你的身躯，却怎能锁住那颗坦荡无私的心！难道仅仅是物质的火种吗？不，你给予我们的，是生生不息的精神火种！"这是英国诗人雪莱对神话人物普罗米修斯充满激情的歌唱。

读一点神话吧，那是人类文明的源头！

读一点神话吧，那是我们祖先年久日深的智慧结晶！

读一点神话吧，那是一首首矢志不渝、坚贞不屈的英雄赞歌！

一、 神话阅读指南

什么是神话

神话的英文为"myth"，源于希腊语"mythos"，意为"表达""故事"或"传说"。从"神""话"二字看，"神"可以理解为"神人""神迹""神物""神兽"等;"话"特指口头创作的记录形式。神话,就是反映原始先民对万物起源、自然现象、人类生殖与社会生活的认识和探索的语言作品。

神话中的故事,起源于世界形成之初。可以说,这些远古时期产生的文化为后世文明的发展奠定了基础。其中以创世神话为代表,如中国神话中的"盘古开天辟地",古希腊神话中的"欧律诺墨用大蛇孕育万物"。此外,神话中的故事往往与早期的宗教密切相关,神话人物要么是超自然的神灵,要么是被神化的人类英雄。他们也成为最早被崇拜和被信仰的对象,而他们的故事也被认为是真实的,如中国古代神话中的英雄人物神农、黄帝,古希腊神话中的智慧女神雅典娜,还有希伯来神话中的上帝耶和华等。

按照地域划分,神话主要有以下世系:以中国古代神话、印度神话等为代表的亚洲神话;以北欧神话、希腊神话为代表的欧洲神话;非洲的埃及神话;美洲的印第安神话、玛雅神话等。

📖 为什么要读神话

郭沫若先生曾说:"神话是绝好的艺术品,是绝好的诗。"作为远古时代人类开始思考与探索,并结合自己的想象力而产生的最早的文学作品,神话绝对值得一读。

神话,有利于孩子进行天马行空的想象

神话是人类童年时期的产物,是人类文明最早的曙光。风儿轻轻吹拂,是有位看不见的风神正挥动衣袖吧;刹那间电闪雷鸣,这一定是雷公电母在大力挥动着他们的斧头吧;什么时候有了人类?那是一位仁慈的母亲用泥巴捏出来的吧……这些神奇而又浪漫的幻想,滋养着富有想象力的孩子。

神话,有利于孩子培养正确的价值观

神话中,有许许多多不屈不挠、坚韧不拔的英雄人物。阅读这些英雄人

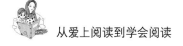

物的故事，可以感受神话人物的冲天豪气，学习他们百折不挠的坚强意志、友善宽容的处世态度和乐于分享的优秀品质。

神话，有利于孩子的情感和语言积淀

神话里有引人入胜的故事情节和生动形象的叙述语言，这些也是孩子学习母语的素材。读神话，有利于培养孩子热爱祖国的文字，学习祖国的语言，传承祖国的文化，积淀人文素养。

神话可以读些什么

鲜明的形象

神话中有大量鲜明、生动的人物形象：无头巨人刑天把乳头当作眼睛，把肚脐当作嘴巴，永远在战斗；为了渡海，八仙各显神通，纷纷拿出看家法宝；即使是希腊最强大的英雄，阿喀琉斯也有着致命的弱点——脚踵……

这些惊天地泣鬼神的形象与离奇的情节，往往能激发儿童思考："人与自然如何共存？""什么是美与丑？""如何辨别善与恶？"

神奇的想象

神话构建了一个"凭空想象"的世界。在这个世界里，人物上天入地，情节惊心动魄，一切皆有可能。其实，这个想象世界也是另一种"现实"。

例如，神话中对女娲的描述充满想象，说她长着美丽的人脸和蛇的身子，并认为她是人类的母亲。这些，其实是最初母系氏族社会的缩影。那时的人类只知其母，而不知其父。随着生产力和生产方式的变革，人类进入父系氏族社会，神话中也出现了更多男神形象。

隐喻的涵义

神话中有许多英雄，这些人物通常具备崇高的道德感：神农尝百草，以身试药，把为人类谋求健康作为终身事业；羿射九日，敢于挑战权威，为天

下人除害；普罗米修斯盗取火种，忍受酷刑也要为人间带去光明……

这些"神"往往品格神圣，拥有神秘的超能力，能击败一切邪恶的强大力量。这些神话中隐喻的优秀品格与深刻涵义，滋养着儿童的心灵，润泽着儿童的精神，给他们带来美的熏陶。

神话可以怎么读

神话人物千奇百怪，神话情节迂回曲折，神话景象光怪陆离，神话教益隐晦深奥。那么，神话应该怎么读呢？请看以下妙计。

妙计一：画思维导图读神话

神话主人公的坎坷命运、跌宕起伏的情节，往往是孩子们关注的重点。家长可以和孩子一起，用各种不同的思维导图（如树状图、气泡图等）记录阅读中的感知。

绘制思维导图的过程，其实是对文本内容和阅读感受进行梳理的过程。它能极大地锻炼孩子的理解能力、分析能力和概括能力，整理出的一张张思维导图，也是孩子的阅读资料和成长足迹。这样的阅读方法既适用于神话，也适用于其他大多数文体。

妙计二：展开想象读神话

神话是民间文学中最富有想象力的形式。没有神奇的想象，就没有神话故事。所以，在和孩子共读神话时，一定要鼓励孩子大胆地想象猜测，领悟神话之"神人""神事""神境"。

画一画"神人"

神话人物往往有独特的长相、标志性的服饰、独门奇绝的法宝，例如：女娲长着美丽的人脸和蛇身，一日内可千变万化；夸父身材高大、伟岸，挥舞着一把大斧；龙生九子，才貌各异……这样的奇特形象，无疑会非常吸引

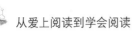

孩子。家长可引导孩子们展开想象，画出人物肖像，并且介绍自己这么描画的理由。

演一演"神事"

神话中的故事曲折生动，甚至突破了人类的认知。比如"盘古开天"，盘古的身躯该是怎样的高大？他的力量该是如何不可想象？阅读时，可通过各种方式还原故事中特殊的声音、特别的环境等元素，用讲演的学习形式来理解"神事"。引导孩子遵循神话故事文本的思路，将其内化为自己的感受，再把抽象、虚拟的形象演绎出来。

品一品"神境"

阅读神话，还可以充分调动孩子以往的知识和经验，在想象中体会天庭、龙宫的豪华，惊叹八仙过海、天女散花的魔法……家长可以根据文本，引导孩子动用视觉、听觉、味觉、触觉、嗅觉等，将想象具体化、形象化，用合适的语言文字表达出来。

妙计三：抓住议题辩神话

神话故事常常具有深刻的教育意义，而这些教育意义往往是隐含的。家长可以引导孩子抓住争议话题读神话，包括对人物的评价和对故事真假的讨论，在阅读中比较中外神话的异同。

换个角度评人物

神话人物不全是善良、正义的化身，也有邪恶的存在，所谓凶神恶煞；神话人物也并非皆是神通广大者，也有苦苦坚守的"苦力"。如《精卫填海》中，精卫"衔西山之木石以堙于东海"，日复一日，从不肯停歇。这种精神是值得弘扬的"坚持"，还是应当摒弃的"固执"呢？对此，今天的孩子或许会有不一样的评价。通过辩论交流，可以让孩子领会神话的深刻主旨：无论时代如何发展，坚守初心不放弃的人都不应被嘲笑。

真真假假议故事

读《盘古开天地》时，或许孩子会质疑："既然天下无万物，那盘古的斧头又从何而来？"实际上，人类的思维，特别是理性思维，是一步一步建立健全和完善起来的，人对于世界的认识也是如此。用现代人的思维逻辑，站在现代科学的角度讨论神话，或许能看到另一番风景，同样也能感受神话的奇幻与美好。

二、和孩子一起阅读《中国古代神话》

📖 关于《中国古代神话》

这一次，我们向大家推荐商务印书馆出版的《中国古代神话》。本书选取了38篇短小而精彩的神话故事，还配有精美的插画，对"天地如何形成""人类怎样诞生""神和英雄如何生活"等话题娓娓道来。读完这本书以后，家长和孩子可以试着把故事与故事、人物与人物联系起来，这样，便能看到完整的中国古代神话王国的全貌。

📖 为什么读《中国古代神话》

孩子们身上肩负着传承民族文化与传统的使命，同时，祖先身上乐于冒险、敢于拼搏的精神，不正是孩子们今天应该学习的吗？

《中国古代神话》的编者陈先云先生，同时也是统编语文教材的编写者之一。本书也是四年级上册"快乐读书吧"的推荐书目，值得一读。

现在，请家长和孩子一起翻开这本书，开始奇幻的神话阅读之旅吧！

📖《中国古代神话》阅读建议

对《中国古代神话》的亲子阅读，我们有两条建议：

◇ 花两周左右的时间读这本书，每天阅读时间约45分钟。

◇ 开展6次亲子阅读活动。

活动一　做一张神话人物书签

活动二　制作神话故事连环画

活动三　玩玩神话"过山车"

活动四　神话卡牌"对对碰"

活动五　开展一次家庭"辩论会"

活动六　为神话人物撰写颁奖词

《中国古代神话》亲子阅读活动

阅读活动一　做一张神话人物书签

神话塑造了一系列鲜明的人物形象，他们或天生神力，或美丽慈祥，或拥有神奇的法宝……本次活动，家长和孩子将共同制作神话人物的书签，以此激发阅读本书的兴趣，同时感受神话里生动的人物形象。

阅读前，建议准备好硬纸、剪刀、彩笔等物品，用于书签的制作。

步骤1. 聊聊自己了解的神话人物。

步骤2. 亲子共读《中国古代神话》的目录，聊聊自己想要认识的神话人物。

步骤3. 阅读相关神话人物的故事，重点阅读对这个人物形象的描写。

【温馨提示】

- -

了解神话人物形象，主要分为两个阶段：

第一阶段，了解神话人物的身份、地位、外貌特征及法力本领等，初步了解神话人物。

第二阶段，了解人物性格，梳理人物关系，概括人物事件等，这是对神话人物的深入了解。

步骤4. 做一张神话人物书签（见图7-1）。

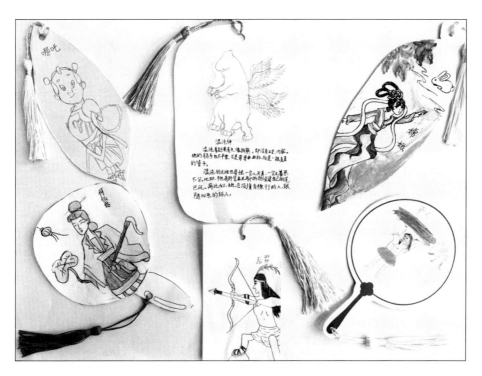

图7-1　神话人物书签

【温馨提示】

对于制作书签的流程，建议如下：

第一步，在硬纸上剪出喜欢的形状，作为书签。

第二步，在书签上画上神话人物，体现该人物的形象特点。

第三步，给书签做适当的装饰。

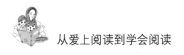

步骤5. 亲子互相点评对方的书签。

【温馨提示】

对于书签的点评，应关注所画形象是否符合该神话人物的基本特点，了解对方如此画的理由。尽管画的形象不同，但人们往往会把崇拜的神话人物画得比较美好。

阅读活动二　制作神话故事连环画

神话中充满神奇的想象。许多"神人""神事""神境"，往往都体现在神话的故事情节中。读懂故事情节，可以帮助理解神话中的神奇想象。本次活动，家长和孩子将以《黄帝大战蚩尤》为例，绘制一组神话故事连环画。

活动前，建议准备若干张空白的卡片。

步骤1. 亲子共读《黄帝大战蚩尤》。

步骤2. 选择印象深刻的情节，画在卡片上。一张卡片上画一个故事情节。

【温馨提示】

家长和孩子所选的情节往往是比较生动、富有想象力的，神话吸引人之处也在于其中神奇的想象。因此，在卡片上画情节时，应尽可能表现出这些想象。

步骤3. 用一段话介绍画面内容，并写在图画下面（见图7-2）。

蚩尤和黄帝大战僵持，蚩尤喷出大雾将黄帝士兵的视线迷住。之后乱砍乱杀，黄帝人员损失惨重。

危机时刻黄帝将特制的磁石制成装备指南车。车上的小人一直指向北方，这样蚩尤的大雾就失去了作用。

图7-2　神话故事连环画

【温馨提示】

概括情节，应避免过于简单，遗漏重要信息；也应避免过于繁杂，照抄原文大段内容。可以从情节六要素（时间、地点、人物及事情的起因、经过和结果）来进行梳理，做到要言不繁。

步骤4. 按照故事发展的顺序整理卡片，接着亲子交流：还应补充哪几张情节卡片，才能让故事更完整？

步骤5. 根据故事情节，补充相应卡片，使故事变得完整。

【温馨提示】

补充情节卡片时，应按照故事的发展顺序补缺。集齐卡片后，家长和孩子

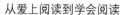

可以翻看连环画，一起讲述《黄帝大战蚩尤》的故事。

阅读活动三　玩玩神话"过山车"

神话中充满跌宕起伏的故事情节，这也是神话独特的魅力所在。本次活动中，家长和孩子将以《仓颉造字》为例，一起体验"过山车"刺激的感觉。

活动前，建议准备若干张卡片。

环节一　读前热身：绞尽脑汁说仓颉

步骤1. 家长和孩子搜集有关仓颉的所有信息，并概括成短语，如"四只眼""记数字""绳打结""天雨粟"等。

步骤2. 热身开始，一人说"说仓颉"，一人接"四只眼"，一人再接"记数字"……依次轮转，说不出或说错者遭淘汰，直至决出最后的胜利者。

环节二　制作情节卡片

步骤1. 亲子共读《仓颉造字》。

步骤2. 梳理《仓颉造字》的故事发展顺序，将故事分成几个部分。

步骤3. 亲子分工合作，把几个部分画下来，并给每个部分起个小标题。

【温馨提示】

建议将《仓颉造字》故事分为五个部分：

1. 仓颉管理仓库时，想出了在绳子上打结来计数的方式，这个方法很管用。

2. 随着仓颉所管理的事情的增多，原来的方法频出差错。

3. 仓颉观察鸟兽足迹，受启发而创造了符号，继而形成文字。

4. 仓颉名声大了，头脑发热，造字也马虎起来，于是出现了差错。

5. 仓颉忏悔自己的过失，从此每造一个字，都要反复推敲，并传到每个部落。

环节三　玩玩神话"过山车"

步骤1. 亲子合作，简述《仓颉造字》的故事。一人讲故事，另一人举着相应的卡片，讲到顺境时，举着卡片站起来；讲到逆境时，举着卡片蹲下，直至将故事说完。

步骤2. 在白纸上画一座座连绵起伏的山脉，把表示情节高潮的卡片贴在山峰处，把代表情节低谷的卡片贴在山谷处，体验故事情节的跌宕起伏。

【温馨提示】

关于步骤1，玩神话"过山车"时，还可以适当增加难度，如家长和孩子交换牌子、约定加快速度等。通过多种活动方式，感受神话情节的巨大起伏。

关于步骤2，画情节峰谷图时，故事的高潮应在山峰位置，情节的低谷应在山谷位置。

阅读活动四　神话卡牌对对碰

神话中的想象固然神奇，其背后也有一定的现实依据。本次活动，家长和孩子将继续以《黄帝大战蚩尤》为例，体验神话故事想象的一面，并将其跟真实的一面"对对碰"。

活动前，准备好若干卡片。

环节一　话题辨析
步骤1. 说一说：黄帝战蚩尤的故事是真实的，还是人们想象出来的？
步骤2. 去书里寻找，还有哪些故事既有想象的一面，也有真实的一面。

步骤3. 互相交流、补充。

【温馨提示】

关于"黄帝战蚩尤"故事真实性的讨论，可以从以下角度展开：

1. 黄帝战蚩尤有其真实性。公元前二十七世纪时，仅黄河中游和汾水下游一带，就有一万个以上大小部落。其中，以黄帝为首的轩辕部落和以蚩尤为首的九黎部落，为争夺资源展开了数次战争。其中涿鹿之战最为有名，被认为是史上最早和最有名的大战之一，在许多神话故事中均有记载。

2. 黄帝战蚩尤有想象性的一面，比如蚩尤的形象是人身牛蹄，有四只眼，六只手，头发竖着，像剑一样；再如双方交战时都动用了神仙法力，风伯、雨师都来参战，最后黄帝请来了女神旱魃战胜了蚩尤，这显然是将人物神化了。

本环节中的交流，主要是让孩子认识到：神话中的人物、场景，其实很多是有事实依据的；那些看似荒诞不经的情景背后，其实也有神话内在的逻辑。比如蚩尤的夸张形象，其实是隐喻了九黎部落的愚昧和落后。诸如此类的例子，在这本书中还有很多，值得探寻。

环节二　神话卡牌对对碰

步骤1. 根据环节一中的交流，每人找两个故事，把名称分别写在两张卡牌上。

步骤2. 分头查询资料，佐证自己的想法。

步骤3. 将相关内容补充在卡牌上，一面写真实的内容，另一面写想象的故事内容（见图7-3）。

步骤4. 互抽对方的卡牌。抽到一张，答出另一面的内容。如回答正确，则赢取对方卡牌，最后看一看谁的卡牌多。

图7-3　神话卡牌

【温馨提示】

在阅读交流中，家长可以这样启发孩子：神话中虽然有神奇的想象，但很多想象也是基于现实的，与当时的历史背景有一定的关联。

制作卡牌时可以参考以下内容：

A面：人面蛇身的女娲。

B面：母系氏族社会中崇拜女性，蛇往往会令人联想到女性。

A面：三星堆遗址出土的青铜人面像有纵目、巨耳等造型。

B面：它们是神话中蜀人的祖先蚕丛的形象，那时的蜀地有着灿烂的青铜文化。

A面：十二生肖中有龙。

B面：龙可能真的存在，或许已经灭绝了，或许仍藏于深海及人类还无法征服的自然环境中。还有一种说法，古人画像中的龙，其实是对蛇的夸张化。

 知 识 卡 片

　　涿鹿之战发生于距今大约4 600年前，是黄帝部族联合炎帝部族，与蚩尤所进行的一场大战。其起因是几个部落争夺适于放牧和浅耕的

中原地带。涿鹿之战对于古代华夏族由远古时代向文明时代的转变有着重大影响。

阅读活动五　开展一次家庭"辩论会"

神话中的英雄人物，通常具备崇高的道德感，但其行为也常为现今的人们所不理解。围绕这些争议人物的话题辨析，可以帮助孩子理解神话隐喻的内涵，提高孩子们的思辨能力。

本次活动，家长和孩子将以《夸父追日》为例，开展一次家庭"辩论会"。这里的"辩论"，也许不是真正意义上的辩论，而是就一个话题展开讨论、思辨。

活动前，建议准备答题板、笔、按铃、计时器等。

步骤1. 亲子共读《夸父追日》。

步骤2. 明确辩题——"你支持夸父逐日的选择吗？"

步骤3. 进行辩论前的指导。

步骤4. 双方各自准备，把要点记录在题板上。

步骤5. 开展家庭"辩论会"。

【温馨提示】

关于对辩题的理解，提供以下角度做参考：

1. 支持夸父逐日，可以列举神话中很多类似的人物，如精卫、刑天、愚公、神农氏等，或联系自己的生活举例。

2. 不支持夸父逐日，从爱惜生命、懂得变通等角度举例论证。

"辩论"之前，可以对孩子进行以下指导：

1. 辩论需要有清晰的逻辑，可以从夸父等人物的行为动机、行为过程和行为结果三方面进行辨析。

2.辩论需要尊重对手，认真倾听别人的发言，不随意插话。

进行总结时，家长可用"古人尚义，今人尚利"的现象启发孩子：古代许多神话人物如精卫、愚公、夸父等，用现在的目光看，其行为无疑是荒诞的。但是，我们不能简单地用今天的价值观衡量古人。他们身上的某些精神，时至今日仍然具有深远的意义。他们不为人理解的偏执行为背后，其实有着更深的寓意。

阅读活动六　为神话人物撰写颁奖词

不知不觉中，对《中国古代神话》的阅读已接近尾声。读完本书，家长和孩子是否对神话人物的形象有了更多了解呢？人物既然有外在的形象，自然也有内在的形象。本次活动，我们将为心中的神话人物撰写颁奖词。

活动前，准备好纸、彩笔等。

步骤1.进行神话人物名字接龙，看谁说出的神话人物多。

步骤2.开展神话人物与事件对对碰，一人说出神话人物的名字，另一人说出与之相对应的事件。

步骤3.找出心目中的神话人物"之最"，写颁奖词（见图7-4）。

图7-4　为神话人物撰写颁奖词

【温馨提示】

寻找神话人物"之最"时，家长和孩子可以从神话人物的性格、长相、能力、品质、经历、结局等角度进行思考，找出神话中"最勇敢的人""最美丽的人""长相最奇怪的人""法宝最厉害的人"，等等。

撰写颁奖词时，应写明神话人物所获的奖项名称，并简述获奖理由。

结　语

神话，是绝好的艺术品。

世界的起源是什么？人类是怎样产生的？神和英雄是如何生活的？……神话历经千年而不衰，其永恒的魅力、神奇的想象，今天仍被人们所津津乐道。无论是中国古代神话里的夸父、西王母，还是西方神话中的普罗米修斯、赫拉克勒斯，一个个神话中的传奇人物，直到今天依然熠熠生辉，令人心生崇拜。

神话的世界里藏着无穷无尽的奥秘，读得越多，收获也就越多。快来这个神奇的王国尽情遨游吧！

静下心来，每天读一点

先说一个小故事吧。

二百多年前，美国西部大开发之时，大量人口要向西迁徙，有人提议，分两拨人按两种方案从东海岸抵达西海岸。第一拨人，天气好就多走一点，遇到刮风下雨，就找地方歇着。第二拨人，不管天晴下雨，每天坚持走20公里。其结果是，第一拨人中途便放弃了；第二拨人，虽然每天所行不多，却准时到达了目的地。

读书与行路一样，是一场旷日持久的"马拉松"。一天能跑多少路并不重要，贵在积累与坚持。如果每天都给孩子一段读书的时间，哪怕只有10分钟，日积月累，也将是一个非常惊人的数字。

您听说过"水滴石穿"和"绳锯木断"的力量吗？读书的收获，是从小到大，由量变渐至质变的过程。提高孩子的阅读能力也并非一蹴而就的事，务必要循序渐进，细水长流。积少成多，聚沙成塔。每天读一点，数量虽然不多，但请相信自律和毅力的力量；相反，急功近利，期待一口吃成胖子的阅读方法，不但违背科学，而且难以为继。

"不积跬步，无以至千里。"读书，是一辈子的事，不争一朝一夕，不求一蹴而就，需要的就是静气凝神，长期坚持。只有坚持读书，才能取得收获；只有坚持读书，才能改变人生。

每天读一点——不问收获，只问耕耘。

每天读一点——让阅读成为一种兴趣，一种习惯，一种生活方式。

当满山种树般地遍读名著，抬起头来，您会惊讶地发现，自己意外收获了一片茂密的森林！

第八讲
扎根沃土，世代相传

中秋节为什么要吃月饼？

腊八粥是怎么来的？

油条和秦桧有什么关系？

雨伞又有着什么样的来历？

亲爱的家长，这一回，我们将开启民间故事的阅读之旅，一起揭开民间故事的神秘面纱，从一个个妙趣横生的民间故事中，了解那些早就成为习惯的传统习俗的来历；从看似普通寻常的事物里，理解其间蕴含的劳动人民的酸甜苦辣。

举一反三，触类旁通。在我们看来，读一本书，其实是让孩子掌握阅读这一类书的方法，引领他们走进阅读的大门。所以，这一次我们特意向您推荐《田螺姑娘：中国民间故事精选》一书，希望书中那些优美的传统民间故事，能让您和您的孩子获得更加富足的养料。

一、民间故事阅读指南

📖 什么是民间故事

民间故事，是民间文学的重要体裁之一。从广义上讲，民间故事就是劳动人民创作并广泛传播的、具有虚构内容的散文形式的口头文学作品，是所有民间散文作品的统称，有的地方又叫"瞎话""古话""古经"等。

民间故事的主要类别有传说传奇、生活故事、寓言笑话等；主要题材有神怪传奇、爱情故事、智斗权势、机智断案等。

民间故事中的传说传奇，包含丰富的想象成分，充满浪漫色彩。民间故事中的生活故事，则取材于现实生活而加以虚构，但这种虚构也还是建立在现实的基础之上，按照生活的逻辑展开的。这类故事现实性较强，常常赞美正直、勤劳、善良、智慧的人，批评讽刺那些懒惰、自私、愚蠢的人。

和其他文体相比，民间故事有着非常鲜明的特点：
◇ 贴近百姓生活
◇ 以口头方式传播
◇ 情节循环往复
◇ 大多采用大团圆的结局

📖 为什么要读民间故事

民间故事大量描写当地的民族风俗，反映当地人们的生活习惯，而且通俗易懂，是人们生活中不可缺失的一种文学形式。

民间故事情节生动，人物鲜明，其娱乐价值是显而易见的，无论是对成年人还是对儿童来说都是如此。

民间故事具有立足现实生活又富于幻想的艺术特色，能充分激发孩子们的想象力和创造力。民间故事有着简洁精炼的表达方式和曲折生动的结构技

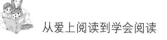

巧，具有很强的艺术欣赏价值，能够提高孩子的审美能力。

民间故事不光具有很强的娱乐性，还有着极高的教育价值。故事人物身上所蕴含的优秀品质、高尚情感，对于孩子的身心健康发展具有重要作用。故事中蕴含的深刻道理，也是孩子成长道路上的宝贵财富。

民间故事可以读些什么

丰富的教育元素

民间故事具有不朽的生命力，在儿童文学中有着恒久的地位。而这种地位，首先来自它所包含的丰富的教育元素。

作为孩子们喜闻乐见的一种文学形式，民间故事塑造了一个个栩栩如生的人物形象。从这些人物身上，孩子们可以充分感受到古代劳动人民的聪明才智，感受到他们勤劳善良、机智勇敢的优秀品质，以及为了追求理想不畏艰险、勇于牺牲的崇高精神。这些充盈于民间故事中的"正能量"，引导着孩子们以积极、乐观的心态，克服生活中的重重困难。

孩童的身心还处在发展阶段，读一些浅显生动的民间故事，把一些抽象的道理用趣味盎然、生动活泼的形式表现出来，往往能起到润物无声、潜移默化的教育效果。

深厚的传统文化

民间故事中包含丰富的知识。阅读民间故事，可以帮助孩子了解古时候劳动人民的生活方式，知晓生命的起源和各种奇异的自然现象，认识现实世界，学习天文、地理、人情世故、民间习俗等各方面的知识。

例如，为了让孩子了解节日风俗习惯的由来，可以给孩子们讲述《除夕》《粽子与龙船》等民间故事；为了让孩子了解一些地名知识，可以让孩子们阅读《黑龙江名字的由来》《武夷山和阿里山的传说》。翻阅民间故事，就是打开了一个了解不同地域、不同民族的窗口，让孩子们在充满乐趣的阅读中开阔眼界，增长见识。

独特的表现手法

民间故事在表达上也具有鲜明的特点。

第一，泛指性。民间故事发生的时间、地点和故事的主人公姓名往往都是含糊的、不确定的。故事的叙述注重对关键性情节的交代，而不做面面俱到的细节描述。故事的趣味性、吸引力也主要体现在情节的生动性上。

第二，类型化。民间故事在情节、主题、人物等方面有显著的类型化倾向。主题的类型化指许多故事表达同样的主题，如表达生活由贫变富或弱者获胜的愿望、对于机智善辩的赞扬、对于愚蠢呆笨的讽刺等。人物的类型化指许多故事的人物属于同一种形象类型，即在品格、行为等方面的主要特征是共同的，如巧媳妇型、呆女婿型、机智人物型等。相比其他文体，民间故事对人、事物、景物的个性化描写较为缺乏，叙事手法相对粗疏。但这点从另一角度看就是质朴简约，与民众的审美趣味相契合，而且叙述粗疏的不足为情节的强烈趣味性所弥补，使民间故事成为现代民间叙事文体中影响最广泛的一种。

此外，民间故事的语言大多浅显平实，通俗易懂。在结构上常有循环往复的特点，同样的情节常常反复出现，大多采用"大团圆"的圆满结局。阅读时，需要采取比较阅读等方法，强化孩子对这些主要文体特点的印象。

📖 民间故事可以怎么读

建立联系，进行比较

在相关文本之间建立联系，从而感悟、理解民间故事的文体特点，是民间故事阅读的重要策略之一。

民间故事历史悠久，传播很广，而且带有浓郁的民族、地方特色。不同地区、不同时代的民间故事，都有其鲜明的特点。当然，民间故事也一定有其共性特点。学习民间故事，就是要学会比较联系，通过不同国家间的故事对比，不同地域、民族间的故事对比，相同题材的民间故事之间的对比，更全面、具体地了解民间故事的文体特点和写作风格。

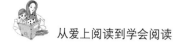
比如，在古今中外的民间故事中，有很多题材是具有广泛性的，如"智慧之光""勤奋与懒惰""追求自由与爱情"。通过对同类题材作品的联系比较，我们可以理解民间故事经久不衰的原因所在。

还原故事情境

还原故事情境，就是利用文本提供的信息，通过各种辅助手段，把孩子带入故事所创设的特定环境中的学习策略。其目的，是让阅读者有一种沉浸于当时场景的感官体验，进而更加准确地发现作者的写作意图和独特用心。

比如在阅读中国四大民间故事时，由于这些故事距今年代久远，孩子们对于文本的了解往往是比较肤浅的。我们可以借助多种学习手段，比如观看相关的影视，倾听相关的音乐，让孩子直观地了解故事和人物，快速进入故事设定的氛围中去。

质疑提问

对故事中的人物塑造、情节安排等的合理性进行质疑提问，也是民间故事阅读的重要策略之一。在具体阅读过程中，既要鼓励孩子大胆发问、质疑，又要训练其提问、质疑的有效性。

比如在分析民间故事中的人物形象时，可以启发孩子们从以下角度发问：

（1）故事中有哪些人物？他们之间的关系是怎样的？

（2）你最喜欢故事中的哪个人物？为什么？

（3）故事人物的性格是否还有鲜为人知的另一面？

（4）人物行为背后的深层原因是什么？

亲爱的家长，在了解了民间故事的方方面面之后，接下去，就将正式开始我们的阅读之旅。特别建议您和孩子一起阅读，因为这样的阅读方式，既能培养孩子的阅读兴趣，也能培养他的理解和表达能力。更重要的是，亲子阅读可以给您和孩子创造一个沟通、交流以及分享学习成果的机会。

随着孩子的日渐长大，您可能不再是他（她）阅读活动的"拐杖"，但您依然可以成为他们阅读旅程中的好伙伴。

二、 和孩子一起阅读《田螺姑娘：中国民间故事精选》

关于《田螺姑娘：中国民间故事精选》

《田螺姑娘：中国民间故事精选》（以下简称《田螺姑娘》），是小学统编语文教材五年级上册"快乐读书吧"推荐读本之一，由曹文轩、陈先云主编，2019年8月由人民教育出版社出版。书中的故事，千百年来在中国民间口口相传，至今仍然为人津津乐道，保持着强大的生命力和感染力。

《田螺姑娘》共选入37篇故事，分为四个部分。

第一部分，共有8篇故事。它们有一个共同的特点，那就是都寄托着人们朴素而美好的愿望：善良勤劳的人一定会过上幸福的生活，而自私贪婪的人终将一无所获。

第二部分，共有11篇故事。主题是真实的历史人物（故事情节可能有虚构），代表人物为徐文长。

第三部分，共有8篇故事。主题为经典作品，代表作有《牛郎织女》《梁山伯与祝英台》等。

第四部分，收录了10篇民间故事。主题是地方特色、风土人情。

本书还有一个特色，即每一部分前都专设"阅读指导"小栏目，用以简要介绍本单元的故事内容和阅读方法。

为什么读《田螺姑娘》

中国民间故事是我国劳动人民智慧的结晶，很多经典作品至今仍口耳相传，保持着强大的生命力和感染力。

阅读《田螺姑娘》这本书，可以让您的孩子有如下收获：

阅读本书，可以让孩子了解我国不同地域的风土人情，不同民族的文化习俗，比如：蒙古族的马头琴是怎么来的？傣族为什么要过泼水节？五十六个民族风情迥异的生活习俗，会时时带给我们许多新鲜感。

阅读本书，可以提升孩子们的想象力和创造力，给孩子们以丰富的美的享受，让孩子们在民间故事中领悟人生真谛，养成尊重他人、真诚待人、正直勇敢的美好品质。

阅读本书，可以从故事中明白许多做人的道理，比如，善良的人终有好报；兄弟齐心，其利断金；勤练不辍，才能获得成功。这些朴素的道理，对于孩子的成长，无疑具有潜移默化的重要作用。

《田螺姑娘》阅读建议

建议在三周内完成阅读任务，亲子共读其中的部分章节。

建议开展五次亲子阅读活动。阅读活动设计如下：

活动一　给法海写一封规劝信

活动二　办一场"智斗"故事会

活动三　做一回"小蜜蜂"

活动四　创作连环画

活动五　制作"故事人物"台历

《田螺姑娘》亲子阅读活动

阅读活动一　给法海写一封规劝信

所谓"横看成岭侧成峰，远近高低各不同"，评价人物的角度不同，所得自然也不同。

本次阅读活动，我们将成为书中的某个角色，从不同角度来叙述《白蛇传》故事，看看会和书中有什么区别。此外，我们还将从一个旁观者的角度，给"当局者"法海和尚写一封信。这样的活动，你期待吗？

步骤1. 亲子共读《白蛇传》故事。

步骤2. 亲子交流，了解书中人物。

交流提示

关于步骤2，建议用一问一答的形式检测双方对故事人物的了解情况。如：

家长说"男主"，孩子答"许仙"。

孩子说"报恩"，家长答"白蛇"。

家长说"丫鬟"，孩子答"小青"。

孩子说"金山寺"，家长答"法海"。

其余如"断桥""端午""现形""水漫金山""盗仙草"等皆可用来问答。

在此基础上，一起交流归纳故事中两位女性人物的性格特点。如：

白娘子——温婉善良，执着勇敢

小　青——机智聪慧，见义勇为

步骤3. 把《白蛇传》故事分为若干个部分，以故事角色身份讲故事。

步骤4. 给法海写一封"规劝信"，揭露其言行的荒谬性（见图8-1）。

【温馨提示】

关于步骤3，因为《白蛇传》故事主要有四个角色，所以建议把故事分成四部分：

白蛇报恩→端午现形→法海镇压→全家团圆

这里，要求扮演白蛇、许仙、法海、小青四个角色的人各自以第一人称联讲故事。

在讲述故事时，重点应讲清楚"我发现了什么""我是怎么想的"以及"我为什么这样做"。

关于步骤4，写信前，应该和孩子沟通交流，明确写作要求：

（1）规劝他什么？

（2）为什么要规劝他？

启发孩子从以下三个角度思考：

法海的动机——无缘无故，怀恨嫉妒

法海的手段——坑蒙拐骗，心狠手辣

法海的结局——作茧自缚，自作自受

从而揭露法海道貌岸然，实则动机不善、手段卑鄙的真面目。

（3）注意书信写作格式。

趣味写作，重在有趣。所以无论孩子怎么写，只要有想法、有依据都可以，不必面面俱到。写完后的交流环节，重点也应放在行文是否有趣上。

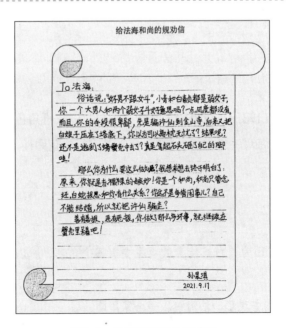

图8-1　给法海和尚的规劝信

阅读活动二　办一场"智斗"故事会

在民间故事中，智斗的情节一直深得孩子们的喜爱。孩子天生爱讲故事，爱听故事，而且，讲故事既是一种乐趣，也是对故事的另一种创造。

今天的阅读活动中，家长和孩子将各显神通，开展一场别开生面的"智斗"故事会，了解书中的那些"智多星"们，是如何运用智慧谋略，解决各种问题的。

步骤1. 亲子共读《清不过包公》《巧媳妇》两个故事。

步骤2. 亲子交流，说说故事人物的智慧之处。

交流提示

亲子共读，是为了提供亲子交流的话题，从故事中感受包公这一人物的智慧之处。

在共读基础上开展交流活动，是希望从人物的言行中提炼出智慧因素，如将计就计，欲擒故纵，以子之矛攻子之盾等，并且提醒孩子，民间故事中的"智慧"，往往是通过愚蠢者的"蠢笨"反衬出来的。因此在交流时，应提示孩子注意故事中对比手法的运用。

两个故事人物中，一个是真实的历史人物，也是老百姓心中的"包青天"，人们愿意相信他的故事是真实的。而巧媳妇这个人物，其实是民间故事人物类型化的体现：名为"巧姑"，实为概念人物；故事中另三位愚笨的媳妇的形象，和"巧姑"之"巧"形成了鲜明对比。

步骤3. 相互推荐一个智慧故事，并简单说明推荐理由。

步骤4. 轮流讲述"智斗"故事。

步骤5. 评选本次活动的"故事大王"。

【温馨提示】

　　关于步骤3，互相推荐故事，既可以了解对方的阅读兴趣，也为接下来的讲故事活动做准备。

　　智慧故事备选：

　　《徐文长难倒窦太师》《陆羽的故事》《鲁班学艺》《解缙巧对曹尚书》《看门太守》

　　关于步骤4，讲故事前，应当明确讲故事的基本要求。如：

　　◇ 突出故事中人物的智慧之处。

　　◇ 讲故事时能加入适当的表情和动作。

　　◇ 允许补充合理的情节。

　　为增加趣味性，建议采用家长和孩子轮流讲故事的形式。

　　关于步骤5，评选"故事大王"时，建议从以下几个角度考量：

　　◇ 能紧扣"智斗"主题，体现"智慧"元素。

　　◇ 声音响亮，语言流畅。

　　◇ 表情丰富，仪表自然大方。

　　◇ 有自己的个性特色。

阅读活动三　做一回"小蜜蜂"

　　民间故事在人物塑造方面有着鲜明的特点，比如人物性格比较单一、鲜明，故事中的人物常常偏类型化。本次活动，我们设计了以下有趣的环节：让孩子化身为小蜜蜂，手持自制的"资料卡"，飞到朵朵鲜花（家长）处辛勤采蜜……在有趣的活动中了解、掌握民间故事的写作特点。

环节一　制作民间故事资料卡

步骤1. 亲子共读故事《田螺姑娘》。

步骤2. 亲子交流：故事中的"田螺姑娘"和年轻的小伙子是怎么结合在一起的？他们身上各自具有怎样的品质？

交流提示

　　《田螺姑娘》是本书最具代表性的民间故事之一，本书的书名也由此而来。本故事出自《搜神后记》，借助一人一神的爱情故事，赞美了男女之间真挚的感情和劳动人民勤劳、善良的优秀品质。

　　故事中的小伙子，是一个非常勤劳的农民，"每天天没亮就起床……直到太阳落山的时候，他才回家做晚饭吃"。同时他也很贫苦，"衣服脏了自己洗，鞋袜破了就自己缝缝补补"。

　　在田螺姑娘身上，更集中体现了善良、勤劳、智慧等优秀品质：她同情年轻小伙的遭遇，井井有条地帮他完成所有的家务；为了考验小伙子是否真的勤劳，她一连七天都没有出现；和小伙子成为夫妻之后，她还在家里"做饭、纺织、做衣服。还养猪、养牛、养羊……"。

步骤3. 制作民间故事人物资料卡。

【**温馨提示**】

- -

　　建议在人物资料卡第一栏写上民间故事中的人物姓名，其余"人物身份""人物性格"和"人物结局"三栏，为"花间采蜜"的主要内容，由孩子持卡请家长填写（一位家长写一个故事人物）。最后的"结论"一栏，由孩子根据采集到的信息填写完成。表格编排如表8-1和表8-2所示。

表8-1　民间故事中的正面人物资料卡

人物姓名	人物身份	人物性格（可多写）	人物结局（命运）
白娘子			
田螺姑娘			
……			
……			
结论			

表8-2　民间故事中的反面人物资料卡

人物姓名	人物身份	人物性格（可多写）	人物结局（命运）
法海			
……			
……			
……			
结论			

环节二　飞入"花丛"，辛勤"采蜜"

步骤1. 手持卡片，搜集信息。

步骤2. 填写表格中的"采蜜"结果，亲子间进行交流。

【温馨提示】

在"花间采蜜"的活动中，建议家长头戴花环，等候孩子。孩子头戴小蜜蜂头饰，"飞"到鲜花（家长）处进行"采蜜"（填写表格）。

亲子交流活动，主要是孩子根据采集的信息汇报自己的研究结果。如：

民间故事的人物特点：

◇ 主人公以正面人物居多，如济公、阿凡提、牛郎、徐文长。

◇ 反面人物一般为配角，在故事中起到反衬作用，如法海、巴依老爷。

◇ 民间故事主人公形象丰富——有动物、常人、鬼怪神仙等。

阅读活动四　创作连环画

故事是孩子们喜爱的，绘画也是孩子们喜爱的。那么，当故事遇上绘画，又会擦出怎样的火花呢？

本次活动采用创作连环画的活动形式，希望孩子能用手中的画笔，画出心目中的故事人物，画出扣人心弦的故事情节。

步骤1. 亲子共读民间故事《孟姜女》。

步骤2. 梳理故事情节，并为故事"瘦身"。

【温馨提示】

关于步骤2，画连环画一般只要画十几个画面，所以需要事先给文本故事"瘦身"，挑选出文本中最精彩的故事内容。挑选时建议考虑以下因素：

◇ 故事的完整性

◇ 故事的连续性

◇ 故事的精彩性

比如故事《孟姜女》，通过交流讨论后，可梳理出本故事的基本脉络：

秦始皇征集民工修筑长城→丈夫万喜良被抓去服役做劳工→孟姜女日夜思念丈夫→千里迢迢寻夫→得知丈夫尸骨被埋在长城脚下，悲痛欲绝→秦始皇见色起意，想纳孟姜女为妃→孟姜女假意答应→大哭三天三夜，最终哭倒长城

同时归纳出主人公孟姜女的主要性格特点：坚强、勇敢、刚烈。

步骤3. 自选一个民间故事，创作连环画（见图8-2、图8-3）。

步骤4. 交流创作的连环画。

【温馨提示】

关于步骤3，在连环画创作中，选择文本故事是重要的第一步。建议主要考虑以下几点：

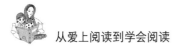

◇ 篇幅是否适当?

◇ 是否有较吸引人的故事情节?

◇ 人物数量是否适当? 主要人物是否有较鲜明的特征?

共同创作连环画时, 亲子双方应分工明确, 默契配合, 主要做好以下几点:

◇ 明确各自的任务职责: 谁设计, 谁画画, 谁誊写文字……

◇ 选择最适合自己的绘画方式: 工笔, 还是简笔?

图8-2 《白蛇传》连环画

图8-3 《牛郎织女》连环画

阅读活动五 制作"故事人物"台历

民间故事中有形形色色的人物，有的智慧过人，有的勤劳善良，有的法力强大……是不是可以通过某种形式，把他们"聚集"在一起，从而加深对这些人物的理解呢？

本次活动，我们将通过制作台历的形式，让家长和孩子充分了解民间故事中的人物。在制作过程中，建议亲子友好协商，以孩子的意见为主，家长

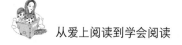

可以提供一些参考意见。

活动前，请准备一本空白台历和几支彩笔。

环节一　活动热身

步骤1. 观看《田螺姑娘》书中的精彩插图，说出图片中人物的名字。

步骤2. 快问快答。

【温馨提示】

关于步骤1，让孩子观看故事插图，可以了解更多故事人物。

关于步骤2，"快问快答"的问题建议设计得简单一些。如：

你最喜欢民间故事中的哪一个人物？

最不喜欢的人物又是谁？

孟姜女的丈夫叫什么名字？

阿凡提是哪个地方的人？

环节二　制作故事人物台历

步骤1. 了解故事人物台历的制作规则。

（1）台历中的人物形象均取自书中的故事。

（2）故事人物分为勤劳、善良、智慧、勇敢四类，对应台历"春、夏、秋、冬"四季。

（3）选择四类品格的代表人物。如：

勤劳——牛郎

善良——白素贞

（4）给12个月份选定恰当的故事人物。

步骤2. 动手制作故事人物台历。

【温馨提示】

关于步骤2，建议家长和孩子合作完成任务，制作之前先明确各自的任务。比如每人完成一个季度（三个人物）的台历制作，也可以是其他形式的分工，如妈妈整体设计，爸爸抄写，孩子画画。

结 语

民间育传奇，故事永流传。

无论在哪个国家或地区，人们都喜欢讲述民间故事——因为民间故事里寄托了人们的情感与梦想，因为每个民间故事都有着吸引读者的地方：或是动人的情节，或是神奇的主人公，或是故事中蕴含的美好情感。

这，就是我们喜爱民间故事的理由。

阅读小贴士

找到书中的"自己"

亲爱的家长，在您的阅读之路上，是否曾经遇到过那个"书中的自己"？在您的阅读过程中，是否曾经为了书中某一人物或紧张忧虑，或雀跃欢呼？

把自己代入书中，成为其中的一个人物，这其实是情境阅读策略的一种。它提倡在阅读过程中创设富有感情色彩的具体场景或氛围，引导孩子主动阅读，引起孩子的情感体验，从而达到最佳的阅读效果。

在日常社交活动中，我们常常要设身处地体验他人的处境，感受和理解他人的心情，这就是所谓的共情。其实，阅读中的共情同样很重要：当我们在书中找到自己的影子，或者不自觉地把自己想象成书中的某一人物时，就会情不自禁地被书中的情节所吸引，被书中的人物所感染，为他的痛苦而痛苦，为他的欢乐而欢乐……

如何成为书中的人物？最简便、常用的方法，是分角色朗读和表演。阅读过程中的角色分工，能让孩子自觉产生强烈的代入感；朗读和表演等形式，能充分调动孩子多感官的参与，从而真正深入地了解人物，理解文本。

如何成为书中的人物？您还可以和孩子推心置腹地交流。比如读《窗边的小豆豆》时，您可以坦诚地说：爸爸妈妈小时候，也是一颗顽皮的"小豆豆"，也曾有过上课时神游天外的情境呢！当读到小豆豆穿过篱笆弄破自己的裙子，到粪坑里找东西时，可以让孩子想一想，在成长的过程中，是否也发生过这样可笑的事情。

读书，就是这样有意思：当孩子走进去，成为书中的某一个角色时，他会发现，自己似乎被书本中一种神奇的魔力所吸引。相信这时候，他也拥有了读书的快乐！

第九讲
让过去告诉未来

听过"以史为鉴，可以知兴替"的名言吗？

听过"忘记历史，就意味着背叛"的警句吗？

"读史使人明智。"徜徉在历史长河中，我们不断体味着别样的人生，不断体验着，思考着，积累着。史书，就像一位睿智的长者，将一个个尘封的历史故事，一段段精彩的时代兴替徐徐道来，给予我们智慧、力量和勇气，让我们在人生道路上逐渐变得自信、坚强、独立和果敢。

亲爱的家长和小读者，在接下来的旅程中，我们将沿着"时光隧道"，穿越至遥远的古代，我们将亲历春秋战国的动荡离乱，邂逅北海边矢志不渝的牧羊人苏武，领略"开元盛世"的繁华绮丽，感受近代列强铁蹄下那一段不堪回首的屈辱和苦难……

历史，其实并不遥远，它就在我们眼前。历史，其实并不枯燥，它如此真实、鲜活、生动地在我们面前徐徐展开！

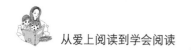

一、 史书阅读指南

📖 什么是史书

史书，指古籍中专门记载历史的书，在四部分类中属于史部。中国西周末年，各诸侯国已有历史记载。早期的史书，大多以编年体的形式存在。编年体的优点，是方便考查历史事件发生的具体时间。

史书有多种分类。

按真实性分类，可以分为正史、别史、杂史、野史等。

按体例分类，可分为纪传体、编年体、纪事本末体、国别体等。

按时空分类，可分为通史、断代史等。

按学科分类，可分为经济史、文化史、文学史等。

中国历史源远流长，中国的史书也同样卷帙浩繁，丰富多彩。著名的史书有《春秋》《左传》《战国策》《史记》《汉书》《三国志》《资治通鉴》等。著名的史学家有左丘明、司马迁、班固、司马光等，他们宛如璀璨夺目的星斗，照亮了中华文明的浩瀚夜空。

概括起来讲，中国史书具有如下特点：

记叙的连续性。中华民族历来重视治史。世界几大古代文明中，中华文明没有任何中断而延续下来，这同中华民族始终注重治史有着直接的关系。中国史书，正是这一优良传统的载体及其凝聚起来的巨大宝藏。

内容的丰富性。中国史学是一座巨大的宝藏，在这座宝藏中，记载着人们对社会、对自然、对人在社会自然中所处位置的认识，这些认识丰富了史学家的视野，也丰富了史书的内容。

形式的多样性。编年体、纪传体、纪事体是中国史书主要采用的三大形式。这些形式在运用、发展中逐渐呈现综合化的趋势，变得更加合理，更加趋于完善，共同铸造了中国史书多姿多彩的体裁特色。

📖 为什么要读史书

对小学生来说，阅读史书特别是中国史书，有非常重要的意义。

阅读中国史书，能让孩子更加了解中华民族灿烂的文明和峥嵘的发展历程，了解先人们的智慧和创造成果以及他们勤劳勇敢和无畏的开拓精神。

阅读中国史书，可以帮助孩子了解并认同自己的民族文化。有了对民族文化的认同，才能让我们更有民族凝聚力。

阅读中国史书，可以形成正确的价值观。学习历史的过程，也是培养高尚人格的过程，更是孩子们是非观、价值观形成的过程。

📖 史书可以读些什么

史书需要"品"，就像喝茶一样。在看似寻常的历史中发现更多的"蛛丝马迹"，品人物、品事件、品韵味。在历史的长河中拨开迷雾，探寻真相。

具体而言，主要应该读以下内容：

读历史事件：事件即故事。阅读史书，就是在一个个生动的故事中了解历史，学习历史。

读历史人物：能够载入史册的历史人物，一定具有非凡的人格魅力。阅读史书，就是了解历史人物的生平故事、性格结局，着重关注这些重要历史人物的主要作为及影响。

读文化习俗：文化习俗是社会的一面镜子，折射出文明的发展状况。如唐朝的文化习俗丰富多彩，展现了极大的包容性和强大的生命力，这些内容，从唐朝的民俗文化、餐饮文化与服饰文化等方面都可以品读出来。

读文明成果：每一个朝代，都有其独有的文化、科技、艺术成果。阅读史书，应该了解祖先留下的优秀物质和文化成果，了解这些成果的重要价值。

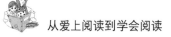

📖 史书可以怎么读

读书讲究方法，阅读史书也不例外。小学生读史书，应以培养阅读兴趣、开阔视野、简要了解历史上的重要人物故事为主。归纳起来，史书阅读的主要方法有以下几种。

基于史料客观评价

学习历史，不能脱离当时的政治环境，更不能用今人的眼光苛责古人。

对历史人物、历史事件做出客观的评价，是评价策略的一种，也是史书阅读的重要方法之一。学会基于史实客观地评价历史人物和历史事件，是史书阅读的要求。

在事物之间建立联系

阅读史书也需要建立广泛的联系，帮助孩子们全面深入地了解历史。

具体而言，就是由史书中的人物联系到现实中的此类人物，由史书中的场景联系到现实场景，让孩子更深刻地理解历史，把史书中学到的智慧、能力运用到生活中。在联系阅读的过程中，应努力让孩子找出书中内容与现实的相同点、不同点，同中求异，异中求同。

对史书内容进行提问、质疑

掌握了正确方法，就等于牵住了牛鼻子。阅读史书，尤其需要有独立的思考、判断，不能人云亦云。对于书本内容和别人的观点，要敢于大胆地质疑，多问问"为什么"。

学会对史书内容进行提问、质疑，既是一种常规的学习手段，更能锻炼、提高孩子们的质疑精神和思维能力。在具体阅读过程中，既要鼓励孩子大胆发问、质疑，又要提高提问、质疑的有效性。

亲爱的读者，是不是有些等不及了呢？那么请和我一起，拿起一本《上下五千年》，梦回千年之前的盛唐。

二、　和孩子一起阅读《上下五千年》（唐朝）

📖 关于《上下五千年》

《上下五千年》，是少年儿童出版社出版的历史科普图书，由林汉达等编著。本书讲述了上至三皇五帝，下至辛亥革命的中国历史，是一本集中国发展史、重大历史事件及名人简介于一体的优秀历史读物。作者选择重要、著名的人物和事件，根据史籍材料，加以组织和剪裁，用现代语言写出来，通俗易懂，使得本书深受孩子们的喜爱。

📖 为什么读《上下五千年》

在中华上下五千多年的历史中，唐朝存在了289年，自公元618年始，到公元907年止。唐朝的影响力十分广泛，给后世朝代留下了灿烂的文化和完善的制度。

唐朝的早期和中期，提倡以文治国，并且任用贤能，因此开创了著名的"贞观之治""永徽之治"及"开元盛世"，还出现了"诗仙"李白、"诗圣"杜甫、"诗佛"王维等著名诗人，为后世带来了持久的影响。

由于唐朝在政治、经济、文化等诸方面取得的巨大成就，后世的许多朝代都梦想建立像唐朝那样的盛世。如宋朝将唐朝的部分制度和文化发扬光大，取得了不错的成绩，同样成为中国历史上富足繁荣的朝代之一。

阅读史书《上下五千年》中讲述唐朝的部分，目的是让孩子们了解一些唐朝著名的历史人物、历史事件和历史文化，激发他们强烈的文化自信和爱国热情。另外，通过各种亲子阅读活动，孩子们可以学习收集整理信息、归纳联系、思考质疑等常见的阅读方法，养成良好的阅读习惯，真切感受到读书的快乐。

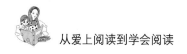

📖《上下五千年》（唐朝）阅读建议

阅读本书中与唐朝相关的部分章节，建议在两周内完成阅读。

"穿越"，是孩子们极其喜爱的活动形式。在"穿越"的过程中，家长和孩子仿佛能亲历千年前的真实场景，亲见那些耳熟能详的牛人。相信一定会让您和孩子兴致盎然，意犹未尽。

建议开展六次亲子阅读活动（多人参与最佳）。阅读活动设计如下：

活动一　给历史人物写"评语"

活动二　置唐装，做"唐人"

活动三　绘制出行路线图

活动四　泼墨挥毫如云烟

活动五　举办一场"春天诗会"

活动六　"再见，唐朝"联欢会

📖《上下五千年》（唐朝）亲子阅读活动

阅读活动一　给历史人物写"评语"

学会全面、客观地评价历史人物，是史书学习的重要任务。本次活动，我们将通过写"评语"的趣味方式，评价唐朝的著名历史人物——唐太宗李世民。

活动前，请准备一些空白卡片。

步骤1. 亲子共读"玄武门事变""魏征直谏"和"水能载舟亦能覆舟"等故事。

步骤2. 从唐太宗李世民的"言"和"行"两个方面采集人物信息。

【温馨提示】

- -

　　所谓"听其言而观其行"，采集唐太宗李世民说过的话，做过的事，是撰写"评语"的重要步骤。通过他说过的话，我们可以知道他的见解和想法；通过他的种种事迹，我们可以了解他的历史功绩。采集的信息越多，对人物的评价就会越客观。而且，采集信息也是阅读积累很有效的一种形式。

- -

　　步骤3. 亲子交流讨论：唐太宗李世民是怎样一个人？

交流提示

　　建议从人物"说过的话"和"做过的事"两个角度展开讨论。

　　如说过的话：

　　"以人为镜，可以明得失。"

　　"水能载舟，亦能覆舟。"

　　通过品读人物话语，启发孩子思考：

　　"镜"比喻什么？为什么要以人为镜？生活中有这样的"镜子"吗？

　　"水"和"舟"各比喻什么？从这个比喻中，可以看出李世民怎样的治国方略？

　　做过的事：

　　劝父起兵、从善如流、玄武门之变、征伐高句丽……

　　通过交流人物事例，启发孩子思考：

　　评价历史人物，主要看他的事迹。评价一个人，主要看他的事迹和功绩。从李世民的种种事迹看，虽然他不是一个完人，但他对于唐朝和整个中国历史做出的巨大贡献，是不容抹杀的。

　　步骤4. 给唐太宗李世民撰写"评语"（见图9-1）。

历史人物评语

人物姓名：**李世民**

人物身份：**唐朝皇帝**

人物重要信息

他说过的话：

> 1. 民为邦本，本固邦宁。
> 2. 明主之任人，如巧匠之制木。
> 3. 开直言之路，广不讳之门，闻所未闻，日慎一日。

他做过的事：

> 1. 在春节期间，释放390名死刑犯回家探亲。
> 2. 大力提倡读书学习，让穷人也有做官的途径。
> 3. 能虚心接受别人的意见，从善如流。

人物评语

> 李世民：
> 　　你真是大家的好榜样，既是一位"武林高手"，又是一位"烹饪大师"。特别了不起的是，你还一点都没有皇帝的架子，时刻以别人作为对照自己的"镜子"。
> 　　当然，你身上也有不少缺点，比如说，没有处理好和兄弟之间的关系，希望你能及时改正。
>
> 　　　　　　　　　　　　　李俊烨

图9-1　唐太宗李世民"评语"

【温馨提示】

关于步骤4，建议首先交流了解"评语"的撰写要求，如：

◇ 依据事实，秉公执笔。

◇ 角度新颖，富有特色。

然后，家长和孩子各自为唐太宗李世民写"评语"，最后相互交流。

阅读活动二　置唐装，做"唐人"

"穿越"至千年之前，穿上一身唐装，做一回"唐人"，了解、感受一下唐朝的风俗礼仪，会是一件特别有意思的事。

今天的阅读活动，我们将以裁制唐装、学习唐礼为主要活动形式，感受一下唐朝人的生活方式。你期待吗？

活动前，请准备好做唐装的各种工具和材料。

环节一　活动热身——"开元三字经"，看谁背得快

开元世，气象新，重人才，政明清。

丝绸薄，瓷器精，唐三彩，扬美名。

睦四邻，贸易兴，长安城，为中心。

环节二　就地取材置唐装

步骤1. 阅读书中的几幅插图，关注插图中人物的服饰，交流唐代服饰的主要特点。

交流提示

女装——唐朝妇女的日常服装，上身着衫，下身穿裙。衣裙上有瑰丽的花纹，红色裙子最为流行。唐朝妇女以丰腴为美，衣着宽博，喜欢把长裙束在腰部以上位置。

男装——通常头戴介帻或笼冠，身穿对襟大袖衫，下着围裳、玉佩组绶等。

步骤2. 寻找适当的"唐装"材料，拼接、设计成"唐装"。

【温馨提示】

唐装样式较为宽大，质地也相对较薄，所以建议就地取材，在家里找些废

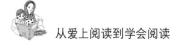

旧的布料，如窗帘、床单、浴巾、围巾和纱巾等。

至于如何"拼接"，女装上衣可选开衫、披肩等，下身着长裙。男装主要抓住对襟、广袖和介帻等主要特征进行改装，只要神似即可。

活动开始时，家长可给予孩子必要的指导和帮助，但此后应逐渐放手，以孩子亲身设计、制作为主，切勿"越俎代庖"。如须使用剪刀等工具，应提醒孩子在使用时注意安全。

因学习唐礼活动的需要，建议每个家庭裁制一大一小两件唐装。

环节三　体验唐朝礼仪

步骤1. 观看书中相关图片，了解唐朝生活中的几种主要礼仪。

步骤2. 体验唐朝礼仪。

步骤3. 设计几种生活场景，学习运用各种唐朝礼仪。

例如：

场景一：大街上，遇见了一位许久不见的朋友。

场景二：春节，去亲戚家里做客。

【温馨提示】

学习一些唐朝礼仪，主要是为了体验唐朝的礼仪文化，所以对这些礼仪的相关知识不必深究。此外，在学习运用这些礼仪时，家长和孩子应尽可能模拟恰当的生活场景。

知 识 卡 片

叉手礼：叉手示敬，是唐代盛行的一种恭敬姿势。

叉手礼的行法是两手交于胸前，左手握住右手，右手拇指上翘。

跪拜礼：古代见面时的礼仪。古人席地而坐，臀部紧靠脚后跟。伸腰并使臀部离开脚后跟，用两膝着地则为跪。唐朝时的跪拜之礼是最为隆重的见面之礼，一般都用于见尊长时。

唱喏：喏就是答应的意思，有时也是感谢的意思。唱喏是唐朝最常见的一种见面礼，行礼者双手抱拳鞠躬，通常不出声。

阅读活动三　绘制出行路线图

唐朝的对外交流非常频繁，极大促进了大唐经济、文化的繁荣。其中，有两位僧人分别西游东渡，为大唐的外交做出了杰出贡献，他们就是玄奘和鉴真。

本次活动，我们将沿着玄奘、鉴真两位法师的足迹，绘制两人的出行路线图，感受两位法师身上矢志不渝、百折不挠的坚韧品格。

步骤1. 亲子共读"玄奘西行取经"和"鉴真东渡传佛法"两个故事，说说阅读后的感受。

步骤2. 议一议两位僧人身上的相同点及不同点。

【温馨提示】

关于步骤1，共读故事可以帮助孩子了解玄奘、鉴真两位法师的主要事迹。

关于步骤2，希望通过亲子交流，深入了解两位法师的优秀品质。如：

相同点：百折不挠，矢志不渝。

不同点：

玄奘：向西，吸收外来文化。

鉴真：向东，传播大唐文化。

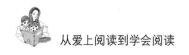

步骤3. 制作"玄奘取经路线图"和"鉴真东渡路线图"。

【温馨提示】

建议家长和孩子在两条路线中选择一条，绘制出行路线图。

绘制"玄奘取经路线图"时，应先了解玄奘法师取经经过的主要地方以及这些地方的大致位置，然后把这些地名连起来。

绘制"鉴真东渡路线图"时，除了须写清楚鉴真东渡的路线外，还要简单叙述他多次东渡的过程。

步骤4. 交流绘制的路线图，说说玄奘取经和鉴真东渡过程中令你印象最深的事情。

阅读活动四 泼墨挥毫如云烟

唐朝的文化光辉灿烂，唐朝的书法同样登峰造极。今天的阅读活动中，我们将一起了解唐朝那些著名的书法家，感受唐楷的博大与优美。我们还将亲手泼墨挥毫，画一画"篱笆"，画一画"蚊香"，最后再写一个大大的"福"字！

活动前，请准备好笔墨纸砚等书法用具。

步骤1. 亲子共读"张旭怀素狂草齐名""颜筋柳骨"等故事。

步骤2. 聊一聊：唐朝有哪些著名的书法家？有哪些主要的楷书流派？

交流提示

唐朝的文化博大精深，辉煌灿烂，可以说达到了中国封建文化的最高峰。唐朝的书法名家也不在少数，比如欧阳询、颜真卿、柳公权等都擅长楷书。他们的书法都是在学习前人的基础上，独创出了属于自己的风格，形成了"欧体""颜体"和"柳体"等书体。唐朝还有两位著名书法家——怀素和张旭，他们都擅长写草书，尤其是狂草。

步骤3.书法热身：画"篱笆"和"蚊香"（见图9-2、图9-3）。

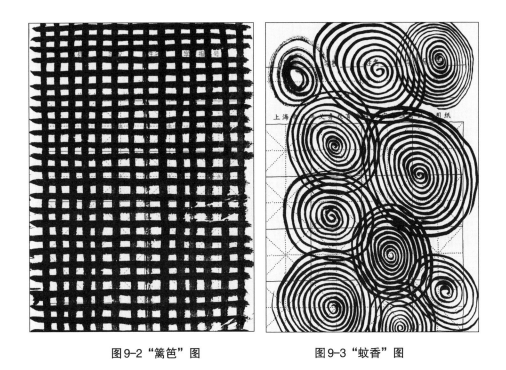

图9-2 "篱笆" 图　　　　　　图9-3 "蚊香" 图

【温馨提示】

练习书法的第一步就是练习控笔。所以画"篱笆"和"蚊香"的时候，应尽量做到笔画粗细均匀，间距相等。

步骤4.欣赏欧体和颜体的"福"字（见图9-4、图9-5），分别临摹两种字体的"福"字。

图9-4 欧体"福"字　　　　图9-5 颜体"福"字

步骤5.书法创作：选择一种字体写"福"字。

【温馨提示】

- -

关于步骤4，可以让孩子通过观摩，感受欧体楷书和颜体楷书的不同之处。

欧体楷书：笔画细而挺，以方笔为主。结构紧凑，方正中见险绝。

颜体楷书：笔画横轻竖重，笔力雄强圆厚。结构方正茂密，气势庄严雄浑。

关于步骤5，建议家长和孩子一起挥毫书写。如果有条件，请家庭中擅长书法的"专家"点评一番。

"专家"在点评时，建议从字形、结构、笔画等多角度进行评议，但一定要考虑到孩子的书法基础，以表扬鼓励为主。

- -

阅读活动五　办一场"春天诗会"

对于很多孩子来说，知晓唐朝可能是从吟诵一首首优美的唐诗开始的。唐诗是中国诗歌的最高峰，可以说，学习唐朝历史，绝对绕不开唐诗。

今天的阅读活动中，家长和孩子将举行一场别开生面的"春天诗会"，一起拥抱唐诗，品味唐诗，吟咏唐诗。

活动前，请阅读"李白斗酒诗百篇""诗圣杜甫"等故事。

环节一　品味"春天的唐诗"

步骤1. 孩子说一说描写春天的唐诗，家长作适当补充。

步骤2. 亲子交流，一起说说"五官"感受到的唐诗。

交流提示

步骤2的交流活动，目的是让孩子意识到，诗歌经常是通过人的五官感受来描述景物的。具体交流时，可先让孩子朗诵诗句，然后说说感受到了什么。如：

"明月松间照，清泉石上流。"

我仿佛看到静静的山谷里，一轮明月高悬在天空中……

"春眠不觉晓，处处闻啼鸟。"

一个春天的早晨，从睡梦中醒来，耳边只听到窗外清脆的鸟叫声……

"沾衣欲湿杏花雨，吹面不寒杨柳风。"

春风拂过脸庞，好像母亲的手抚摸着你，轻轻地，柔柔地……

"迟日江山丽，春风花草香。"

躺在草坪上，闭上眼睛用力地嗅一嗅，一阵芳香沁人心脾……

"风吹柳花满店香，吴姬压酒劝客尝。"

春风吹起柳絮，酒店满屋飘香，侍女捧出甘冽的美酒，劝我细细品尝……

环节二　吟诵"春天的唐诗"

一年之计在于春。小伙伴们，春天在哪里呢？让我们用眼睛、耳朵、鼻子等来寻找美丽的春天吧。

春　晓

（唐）　孟浩然

春眠不觉晓，

处处闻啼鸟。

夜来风雨声，

花落知多少？

这是诗人耳中的春天。

赋得古原草送别

（唐）　白居易

离离原上草，

一岁一枯荣。

野火烧不尽，

春风吹又生。

这是诗人眼里的春天。

绝　句

（唐）　杜甫

两个黄鹂鸣翠柳，

一行白鹭上青天。

窗含西岭千秋雪，

门泊东吴万里船。

这是声色俱备的春天。

早春呈水部张十八员外

（唐）　韩愈

天街小雨润如酥，

草色遥看近却无。

最是一年春好处，

绝胜烟柳满皇都。

咏 柳

（唐） 贺知章

碧玉妆成一树高，

万条垂下绿丝绦。

不知细叶谁裁出，

二月春风似剪刀。

这是似有若无的二月早春。

江畔独步寻花（其六）

（唐） 杜甫

黄四娘家花满蹊，

千朵万朵压枝低。

留连戏蝶时时舞，

自在娇莺恰恰啼。

这是繁花似锦、姹紫嫣红的美丽仲春。

夜 月

（唐） 刘方平

更深月色半人家，

北斗阑干南斗斜。

今夜偏知春气暖，

虫声新透绿窗纱。

这是静谧的春天夜景。

钱塘湖春行

（唐） 白居易

孤山寺北贾亭西，水面初平云脚低。

几处早莺争暖树，谁家新燕啄春泥。

167

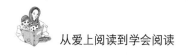

乱花渐欲迷人眼，浅草才能没马蹄。

最爱湖东行不足，绿杨阴里白沙堤。

这是男女老少春日里喧闹的踏春景象。

孩子们，你们读得太棒了！唐诗中那些优美的诗句，伴随着千千万万中国人的成长；唐诗中那些动人的故事，激励着我们对真善美的追求。让我们一起诵读唐诗，在唐诗的陪伴下茁壮成长！

【温馨提示】

- -

以上选用的描写春天的唐诗仅供参考，可以根据自己的兴趣增删或替换。

朗读的形式可以多种多样，比如可以采用领诵、齐诵、轮诵等形式。为达到更佳的朗诵效果，建议配上适当的背景音乐。

- -

阅读活动六 "再见，唐朝"联欢会

本次活动，既是史书阅读的尾声，也是一次学习成果的汇报交流。家长和孩子将通过学唐礼、讲故事、书法展示及诗歌朗诵等形式，展示自己在亲子阅读活动中的每一份收获。

本次活动，建议由多个家庭参与，参与者可以身着自制的唐装参与本次活动。衣着打扮如能符合人物身份更佳。

环节一 各路英杰喜相逢

步骤1. 穿上自制唐装参加"联谊活动"。

步骤2. 全体活动人员相互见面，行礼问候。

【温馨提示】

- -

建议所有参与活动的成员"化身"为唐朝历史人物，按照当时的身份

行礼。如君臣间行"跪拜礼"，上下级之间行"叉手礼"，普通关系行"唱喏礼"。

环节二　书法展示——墨韵书香里的唐朝

步骤1. 展示书法作品（也可当场创作）。

步骤2. 展示者说说在书法学习中的收获，观众对书法展示环节进行点评。

环节三　唐朝故事讲演

步骤1. 扮演唐朝人物，讲讲关于自己所扮演人物的唐朝故事。

步骤2. 讲演者说说在史书阅读中的收获，听众对故事讲演环节进行点评。

环节四　唐诗吟诵

步骤1. 吟诵"春天的唐诗"。

步骤2. 朗诵者说说在学习传统文化方面的收获，听众对诗歌吟诵环节进行点评。

【温馨提示】

本次活动所展示交流的内容，既可以是前几次亲子活动的学习成果，也可以是孩子自主探究的学习收获。

作为史书学习的"收官"活动，我们建议，不仅要展示学习成果，还要交流在本次系列活动中孩子们的收获、感悟和思考。家长在点评时，既要肯定孩子的进步，同时也应该指出孩子的不足，这样，才能促使孩子取得进步。

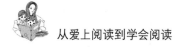

结　语

穿越千年，梦回大唐。

李世民、武则天、李白、杜甫……那些璀璨夺目的名字，曾照亮中国千年前的夜空；玄武门、马嵬坡、未央宫、华清池……那些不寻常的地名，曾留下多少金戈铁马，万古风流。

历史是一面镜子，"以史为鉴，可以知兴替"。阅读史书，在历史的长河中跋涉、探索，寻找中华民族的历史源头，可以了解源远流长的中华历史，了解中华民族的灿烂文明，从而增强民族自豪感、自信心和责任意识。这，就是带孩子阅读史书的意义所在。

不必处处精雕细琢

阅读既要"精雕细琢"，也要"不求甚解"。

对于教材中的课文，教师通常采用"精雕细琢"式的教学方法：从写作背景到作者信息，从文章中心到段落大意，从结构特点到语言修辞……但对于读书，就不宜如此强求了，那样会让阅读变得索然无味。

其实很多时候，读书只要了解其大概意思即可，这是由整本书阅读的"量"决定的。一大本书，不可能也完全没必要去细细"咀嚼"，有时候，"不求甚解"恰好是可以拓展阅读面、培养读书兴味的。

当然，"不求甚解"也不是说什么都不需要理解，读完以后还是不知所云，云里雾里。我们想说的是，读书要有取舍——有些地方需要推敲斟酌，但有些地方确实只须"浅尝辄止"。而且文中的很多妙处，只可意会而不可言传，常常是在看似"漫不经心"的浅阅读中渐渐领悟的。

读书，是一件极有趣的事，所以，千万不要把"有趣"变得"无趣"。更何况，任何一本书，日后还可以重新读。孩子在大量阅读积累后，自然会慢慢"反刍"明白，何必强求在第一次读的时候一步到位呢？

第十讲
生活凝结，小说大道

小说就像一片荒原密林。在这片荒原密林中，你将遇见一个个千奇百怪的人物，遭遇一个个匪夷所思的场景。所有的道路，全靠你自己去探寻。你的收获和感悟，一定是独一无二、弥足珍贵的。

小说，就是一次次人生的积淀，阅读的过程也是积淀的过程。我们在小说中寻自己、觅他人、探世界。也许，我们的生活不会和小说中的完全一样，但在处理相似情景的时候，小说的影响已经植根于我们脑海深处了。

小说，还是一位神奇的魔术师——只有你想象不到的，没有它描述不出的！在小说里，你可以穿越数千年，纵横几万里。小说里遍及古今中外、天南地北的天马行空的故事虽然是他人的生活，但书中的那只手会紧紧牵着你，带你看遍人世间的风景。

所以，我们读小说时，更是在读人生。

精彩等着你，神奇等着你，感动等着你——小说等着你！

一、小说阅读指南

📖 什么是小说

小说，是以塑造人物形象为中心，通过对环境的描写和对故事情节的叙述反映社会生活的一种文学体裁。

小说有多种分类。按其人物的多少、篇幅的长短，小说可分为长篇、中篇、短篇、微型等几种；如按照题材内容，则可分为历史小说、科幻小说、侦探小说等；按语言形式，又可分为文言小说、白话小说等。

人物形象、故事情节、环境描写是小说的三要素。

人物形象是小说的主要要素，是作者把现实生活中的同类人物的原型提炼加工而成的，所以不能把他看作作者或生活中的某个人。

故事情节一般分开端、发展、高潮、结局四个部分。在具体写作时，为了增强表达效果，在情节安排上常会运用悬念、抑扬、铺垫、对比、伏笔、照应、衬托等写作手法。

环境描写包括社会环境描写和自然环境描写，小说中的环境描写主要是为了衬托人物、渲染气氛，给情节的发展提供背景和场所，深化作品的主题。

📖 为什么要读小说

阅读小说，可以开阔视野，收获不同的人生经验，体悟别样精彩的人生。孩子们"行万里路"时的人生体验，在"读万卷书"时得到了升华。苏格拉底曾经说过："未经审视的人生不值得一过。"

阅读小说能了解人性。小说对人生体验进行深入探究和审视，提炼出最深刻的人性哲理，让孩子们在故事中获得最深刻的见解，从书中的人物身上洞悉最深刻的人性，逐渐领悟到人生的真谛。因此，读小说能够帮助孩子从另一个角度审视自己，站在更高的高度审视人性。

阅读小说，能满足孩子的好奇心和探知欲。小说中本来就蕴含着孩子们喜爱的"历险"元素，如《长袜子皮皮》《西游记》《汤姆索亚历险记》等。毫无疑问，这些带有浓重历险色彩的小说，常常能给儿童的阅读带来极大的乐趣。这种阅读乐趣，并不是单纯的感官乐趣，而是丰富的心灵愉悦：既有"历险"本身激动人心的乐趣，也有"历险"激发心灵成长的乐趣。在历险小说中，主人公经常要面对陌生的环境和巨大的困难，要处理在特殊环境下人与人之间的关系，这些描写，都会给儿童读者带来一种在安定生活中难以获得的惊险刺激的感官体验，促进儿童的心智发展。

阅读小说，还可以帮助孩子获取丰富的人生智慧和经验，建立起澄明的人生观和价值观。如秦文君的《天棠街3号》、程玮的《少女的红发卡》、曹文轩的《草房子》等一系列优秀的儿童小说，都以摄人心魄的"真善美"主题深深感染着它们的小读者，帮助孩子们逐渐形成具有人性洞察力的双眼，建立完整的世界观和价值观。

小说可以读些什么

丰满立体的形象

小说的核心任务，就是塑造典型人物形象来揭示社会生活的本质，从而表现作品的主题。在我们读过的小说中，能够给我们留下深刻而不可磨灭印象的，一定是那一个个鲜活而令人难忘的人物形象，以及他们所经历的矛盾冲突与最终的蜕变。

要评价小说中的人物形象，就要认真分析作者对人物的描写——肖像描写、语言描写、行动描写、心理描写、细节描写，等等，从而评价人物的性格特征，进而发掘出各色人物善恶美丑的精神世界。如小说《故乡》中的闰土和杨二嫂，前者从活泼伶俐的"小英雄"，到愁苦木讷的"木偶人"；后者从风韵动人的"豆腐西施"，到二十年后尖酸泼辣的"圆规"，都是屹立在小说之林中令人过目难忘的鲜活人物形象。

再如阅读孙犁的《荷花淀》，小说中写水生嫂听到丈夫报名参军时，"女人的手指震动了一下，想是叫苇眉子划破了手，她把手指放在嘴里吮了一下……"仔细分析，我们发现，手指震动是内心震动引起的，吮了一下是为了掩饰心情，不让丈夫察觉。再仔细分析，我们发现这一个动作中暗示了许多内容：孩子还不顶事，爹又有病，家里有困难，自己又眷恋丈夫。所以听到丈夫参军上前线，水生嫂内心不免要震动。但是，她毕竟深明大义，所以还不能表现出"拖后腿"的样子……由此可见，"吮指头"的细微动作，真实生动地展现了水生嫂的内心变化，更能凸显水生嫂深明大义的形象。

所以，阅读小说应启发孩子依托文本语言，体味人物性格，全面立体地了解人物形象，深入理解人物性格形成的深层原因。

曲折离奇的情节

清代文人袁枚曾说："凡作人贵直，而作诗文贵曲。"就是说，写文章要做到结构曲折多变，情节一波未平，一波又起，时而山重水复，时而柳暗花明，悬念迭出，跌宕起伏，妙趣横生。

一部优秀的小说，总会在情节中设下重重悬念、伏笔，如磁石一般吸引着孩子读下去。如《三国演义》中的经典桥段"草船借箭"，周瑜欲借"造箭"一事除掉诸葛亮，但诸葛亮居然表现得若无其事，和周瑜签下三天造完十万支箭的"军令状"，令读者不禁为诸葛亮捏了一把冷汗。"军令状"签下了，但诸葛亮并不急着备办造箭材料，而是借来船只、兵士、草把，这又是为什么？一天、两天，不见动静，剩下最后一天，任务怎样完成？说是取箭，却到曹营擂鼓呐喊，若是曹兵齐出，又如何是好……层见叠出的悬念，让读者产生猜想和期待，如同前方有一个看不见的诱人果子，引领着孩子不断阅读、前行。

了解小说的情节特点，还需要了解故事发生的若干阶段及其内在的逻辑关系，了解小说中的顺叙、倒叙、插叙、伏笔、过渡、照应等常见的写作方式。

纷繁复杂的环境

环境描写，是指对人物所处的具体的社会环境和自然环境的描写。阅读小说时，尤其要关注和了解作品所处的社会现实环境，从而理解人物行为存在的合理性。

如小说《孔乙己》开头对鲁镇酒店格局的描写："鲁镇的酒店的格局，是和别处不同的：都是当街一个曲尺形的大柜台，柜里面预备着热水，可以随时温酒。做工的人，傍午傍晚散了工，每每花四文铜钱，买一碗酒，——这是二十多年前的事，现在每碗要涨到十文，——靠柜外站着，热热的喝了休息；倘肯多花一文，便可以买一碟盐煮笋，或者茴香豆，做下酒物了，如果出到十几文，那就能买一样荤菜，但这些顾客，多是短衣帮，大抵没有这样阔绰。只有穿长衫的，才踱进店面隔壁的房子里，要酒要菜，慢慢地坐喝。"

这段环境描写，赋予人物活动以特定的空间，就像一幅清末江南小镇的世俗风景画。顾客贫富悬殊，阶级明显对立。而书中的咸亨酒店正是当时黑暗社会的缩影，具有鲜明的时代特色，也为主人公孔乙己的出场作了必要的铺垫。

再如沈从文《边城》中的一段环境描写："月光如银子，无处不可照及，山上竹篁在月光下变成一片黑色。身边草丛中虫声繁密如落雨。间或不知道从什么地方，忽然会有一只草莺'落落落落嘘！'啭着它的喉咙，不久之间，这小鸟儿又好像明白这是半夜，不应当那么吵闹，便仍然闭着那小小眼儿安睡了。"

这段文字，通过对皎洁月光下山林竹篁间繁密如雨的虫鸣，及偶尔传来的"落嘘"婉转莺歌的描述，为翠翠倾听爷爷讲述有关母亲的故事渲染了静谧爽朗的氛围，也为翠翠梦见虎耳草，追寻朦胧的爱情创设了诗情画意般的意境。

深邃含蓄的主题

小说主题，是指小说家在作品中通过描绘现实生活图画、塑造艺术形象显示出来的，贯穿一部小说始终的基本思想，又称主题思想或中心思想。如果把语言所描写的内容比作小说的躯壳，那么主题则是小说的灵魂。阅读小说，就要透过人物形象和描写人物形象的具体材料（细节、情节等），领悟和体会作者在人物形象和故事情节中寄寓的思想意义。

一部作品反映的主题，总是与作者的身世、生活、思想感情以及他所处的时代环境分不开的。因此，我们在理解小说主题时，必须"知人论世"。比如，要理解鲁迅小说主题的深刻性，就不能不了解鲁迅的思想，特别应该了解他对中国历史政治文化的思考，了解他与黑暗现实进行斗争的精神。

小说的主题，往往还寄托在小说所塑造的人物形象上。人物形象是作者生活经验的结晶，也是作者的生活态度的形象体现。全面分析人物形象，有助于更好地理解小说的主题。如《钢铁是怎样炼成的》中保尔·柯察金的形象，《红岩》中许云峰、江竹筠的形象，《老人与海》中老渔民圣地亚哥的形象，对他们进行仔细的分析，都有助于我们理解这几部小说的深刻主题——伟大的信仰产生巨大的力量，生活中的磨难可以摧残人的肉体，却永远不可能击溃人的意志！

全面深刻地了解作者的人生经历，了解作者寄托于人物身上的情感，才能深刻领悟小说的主题。

📖 小说可以怎么读

"花丛采蜜"

一般而言，和其他文体相比，小说的容量更大，篇幅更长，字数更多，有时候很难全部读完。所以我们建议在阅读"合集"类小说时，可以选读其中的部分内容，或者挑选其中的一些章节、片段，甚至打破原著的先后顺序，根据阅读需要灵活调整——这种方法，可以称之为"花丛采蜜"。

学会选择性阅读和组合策略，能帮助孩子们在较短的阅读时间里，更快捷地了解小说的主要内容，更清晰地了解小说的主要人物，更准确地梳理小说的脉络。

"蜘蛛织网"

"蜘蛛织网"，就是通过纵横交错的各个条线把人物和事件联系起来，然

后进行分析比较。这也是小说阅读的重要策略。

具体而言，可以由小说中的人物联系到现实中的此类人物——这样的人，在我的生活中好像出现过；由小说中的场景联系到现实中的场景——这样的场景，我好像非常熟悉……联系阅读，可以让孩子更深刻地理解文本，把从文本中学到的知识运用到生活中。

"不怕不识货，就怕货比货。"在联系阅读过程中，应努力让孩子多多进行比较：书中人物间的比较，书中人物与现实人物的比较，生活环境、生活条件的比较……在比较中找出相同点或不同点，同中求异，异中求同。

"真实"阅读

所谓"真实"阅读，就是在阅读中尽可能还原、创设故事情境的阅读方法。具体而言，就是利用文本提供的信息，通过各种辅助手段，把孩子带入小说所创设的特定环境中；或者尽可能地揣摩文本的具体情景，借助各种手段创设出当时（可能）的场景，从而让孩子有一种沉浸于当时场景的感官体验，进而更加准确地发现、理解作者的写作意图。

二、 和孩子一起阅读《红楼梦》

📖 关于《红楼梦》

《红楼梦》，中国古代章回体长篇小说，与《西游记》《水浒传》《三国演义》并称为中国四大名著。这是一部具有世界影响力的人情小说，是公认的中国古典小说巅峰之作，被誉为"中国封建社会的百科全书"。

《红楼梦》的爱好者和研究者人数众多，已然形成了一种文化——红学，可见《红楼梦》的巨大"魔力"。

《红楼梦》中人物众多，有名有姓的就有几百个，他们的遭遇和人生境遇也各有不同。作者的文字功底非常深厚，刻画的每个人物都有血有肉，就像是我们身边的人一样。

《红楼梦》里有许多让你欲罢不能的离奇故事。"毒设相思局""元妃省亲""刘姥姥三进大观园""计赚尤二姐"……这些耳熟能详的情节，成了国人讨论闲聊的经典桥段。

《红楼梦》里有丰富多彩的民族文化。一处建筑，一段诗词，一道点心，猜谜语，行酒令，作诗词……每一个角落，都隐藏着中华文化的元素。

《红楼梦》真是一座取之不尽、用之不竭的文化宝库！亲爱的读者，你准备好了吗？

📖 为什么读《红楼梦》

《红楼梦》是一部经典名著。所谓名著，是"具有推崇价值的有名的作品"。经典名著的价值在于典范语言的熏陶，在于心灵的滋养，在于对人类精神的终极关怀。

《红楼梦》的成就，表现在小说塑造的一大群令人难忘、有血有肉的个性化人物形象，在于书中呈现的广阔历史画面，在于小说揭示的深刻主题，在于精彩纷呈的个性语言。

《红楼梦》是小学统编版语文教材五年级第二学期"快乐读书吧"的推荐书目。这充分说明，经典名著不应该是小学生阅读的"天堑"。相反，选择《红楼梦》这样的经典名著，对于我们继承、发扬祖国传统文化，提高文学鉴赏能力无疑具有十分重要的意义。

"初生牛犊不怕虎"，小学生虽然阅读能力相对较弱，但是很多孩子已对《红楼梦》阅读产生了浓厚的兴趣。相信在老师和父母的指导下，孩子完全有能力向这本经典名著发起挑战！

📖《红楼梦》阅读建议

1. 选择小说的部分章节阅读，建议在三周内完成阅读任务。

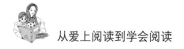
2.阅读过程中，开展七次亲子阅读活动。

3.阅读活动设计如下：

活动一　当回小小"预言家"

活动二　谜语大竞猜

活动三　人物模仿秀

活动四　举办读书沙龙

活动五　玩转"花签令"游戏

活动六　制作"金陵十二钗"人物书签

《红楼梦》亲子阅读活动

阅读活动一　当回小小"预言家"

《红楼梦》中的人物名字，多采用谐音的方式暗示其最终命运。本次活动，我们将通过猜测名字谐音的方法，预测小说中人物的结局，感受经典名著的无穷魅力。

步骤1.阅读小说第一、第二回及第二十二回，了解故事大意及主要人物。

步骤2.亲子交流：说一说自己知道的《红楼梦》人物。

步骤3.仔细读读书中人物的名字，猜猜这些名字的谐音是什么（见附1）。

知识卡片

谐音是一个汉语词汇，意思是利用汉字同音的条件，用同音或近音字来代替本字，产生辞趣的修辞格，广泛用于谜语中。

步骤4.亲子交流：书中第二十二回，贾政看完制灯谜猜灯谜后，为什么突然感到很悲伤？

步骤5. 联系谐音，预测一下人物的结局，并将预测的结局写在卡片上。

【温馨提示】

本次活动，属于《红楼梦》阅读的开启阶段。小说第一、第二回中，已经出现了许多重要人物的名字，再阅读第二十二回《听曲文宝玉悟禅机　制灯谜贾政悲谶语》后，应对故事的大意和小说人物有初步的了解。

关于步骤4，本活动中的亲子交流，可以让孩子们初步感受《红楼梦》小说中处处埋伏笔的高超手法——看似随意的元宵活动，也和人物的性格命运挂钩。有助于激发孩子的阅读兴趣。

关于步骤5，"小小预言家"活动具有很强的预测意味，应鼓励孩子既要大胆预测，又要小心求证。写小卡片时，可以在卡片的一面写上人物名字，另一面写上名字的谐音和人物的结局。

活动结束后，保留好"预言"卡片。待小说阅读完成后再来印证，看谁猜得更准。

附1：人名及谐音意义

人名第一组（男性）：贾雨村、甄士隐、霍启、冯渊、贾政。

贾雨村——假语存

甄士隐——真事隐

这两人是全书的引子（线索）人物。

霍启（祸起）——意指甄家祸端起于此人

冯渊（逢冤）——平白无故被打死，遭受极大冤屈

贾政〔假正（经）〕——道学君子，贾府衰败的祸源之一

人名第二组（女性）：英莲、娇杏、平儿、元春、迎春、探春、惜春。

英莲——应怜

娇杏——侥幸

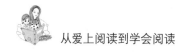
平儿——能力出众，四平八稳

元、迎、探、惜——原、应、叹、息

阅读活动二　谜语大竞猜

猜谜语，是大家非常喜爱的一种益智、休闲、娱乐活动，具有广泛的群众基础。在《红楼梦》中，也有多处写到猜谜游戏。

本次活动，我们将以竞猜谜语的形式，快乐地阅读《红楼梦》，理解小说隐含的深意。

步骤1. 阅读第二十二回"制灯谜贾政悲谶语"部分，了解故事大意。

步骤2. 在故事中选择三道谜语题，把谜面写在纸上。

步骤3. 亲子猜谜语（见附2）。

（第一轮）

家长出示谜面，孩子（包括其他人）猜测谜底，并简单说明理由。

（第二轮）

孩子出示谜面，家长（包括其他人）猜测谜底，并简单说明理由。

【温馨提示】

关于步骤3，故事中各人所出的谜语，都有相当的难度，孩子可能一时无法理解。家长可作适当提示，比如第七题，可以缩小谜底的范围进行提示：此物品一般放在盥洗室内，家家户户几乎都有。

至于谜面谜底中所隐含的谜语出题人的最终结局，可以稍稍涉及（如"算盘"，暗示迎春命运任人摆布；"海灯"，暗示惜春最终出家为尼的结局），但不必深究。

建议猜中者奖励小奖品，猜错则继续。

附2：谜语谜面及谜底

1. 猴子身轻站树梢。 （贾母：谜底——荔枝）

2. 身自端方，体自坚硬。

  虽不能言，有言必应。 （贾政：谜底——砚台）

3. 能使妖魔胆尽摧，身如束帛气如雷。

  一生震得人方恐，回首相看已化灰。 （元妃：谜底——爆竹）

4. 天运人功理不穷，有功无运也难逢。

  因何镇日纷纷乱，只为阴阳数不同。 （迎春：谜底——算盘）

5. 阶下儿童仰面时，清明妆点最堪宜。

  游丝一断浑无力，莫向东风怨别离。 （探春：谜底——风筝）

6. 前身色相总无成，不听菱歌听佛经。

  莫道此生沉黑海，性中自有大光明。 （惜春：谜底——海灯）

7. 南面而坐，北面而朝。

  象忧亦忧，象喜亦喜。 （贾宝玉：谜底——镜子）

阅读活动三 人物模仿秀

刘姥姥，是《红楼梦》中的一个重要配角。她出身贫寒，性格诙谐幽默，身上淳良朴实的品格也是全书中不多见的。虽出场不多，却给人留下极其深刻的印象。

今天的活动，我们将一起聊聊刘姥姥这一有趣的人物，并且来一场人物"模仿秀"。活动前，请准备必要的道具和服装，如鲜花、刀叉、筷子、鹌鹑蛋等。

环节一 了解人物刘姥姥

步骤1. 亲子共读第四十回《史太君两宴大观园　金鸳鸯三宣牙牌令》。

步骤2. 亲子交流：刘姥姥到底是搞怪的小丑，还是生活中的聪明人？

【温馨提示】

- -

关于步骤2，希望通过阅读交流对刘姥姥这一人物有一个基本认识，理

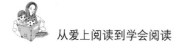

解小说中这一人物插科打诨行为背后的善良与智慧，为后续第二环节的"模仿秀"做好必要准备。

通过讨论交流，建议对刘姥姥这一人物有这样一个基本定位：

◇ 出身贫寒，但能想尽各种办法改变命运。

◇ 懂得察言观色，善于见风使舵。

◇ 古道热肠，懂得报恩。

◇ 善良淳朴，诙谐幽默。

最后进行适当的总结：小说中的刘姥姥不是"小丑"。她到贾府来"打秋风"，是为生活所迫。她在众人面前出乖露丑，也是为了讨好贾母等一众人，努力改善生活境遇的一种生活智慧。

环节二　刘姥姥模仿秀

步骤1. 把小说中描写刘姥姥的两个片段改编成小剧本。

改编建议：

◇ 可以适当增删故事情节，但基本情节应忠于原著。

◇ 以原著中的人物对话为主，但应更加口语化。

◇ 可以发挥想象，增加必要的动作和神态。

步骤2. 分配角色，排练节目。

步骤3. 轮流表演小品《老风流》《老刘老刘》，评出最佳"刘姥姥"。

评选主要依据：

◇ 外形最接近"刘姥姥"。

◇ 神态动作最接近"刘姥姥"。

◇ 语言生动流畅，表演自然大方。

【温馨提示】

关于步骤1的剧本改编，我们给您挑选了下面两个片段：

片段1《老风流》："正乱着安排……还了得呢。"

片段2《老刘老刘》："鸳鸯一面侍立……那怕毒死了也要吃尽了。"

关于步骤2，如参与人物模仿秀活动的人数较多，建议可分成两组，表演两个片段；如参与人物较少，可在两个片段中选择一个。

关于步骤3的人物模仿秀活动，我们作如下建议：

（1）整个模仿活动，以刘姥姥这一人物为主，其他人物仅起到陪衬作用。

（2）尽力模仿刘姥姥的动作、语言、神态，塑造这一人物"耍活宝"的形象。

（3）表演时，可准备一些必要的服饰道具，如能给人物适当装扮一下更佳。

（4）多人轮流扮演刘姥姥这一角色，最后进行评比。

阅读活动四　举办读书沙龙

薛宝钗和林黛玉，是小说《红楼梦》中最为出色的两位女性角色，是金陵十二钗双首。两人才华横溢，性格鲜明，各自拥有大量的"粉丝"。今天的活动，我们将通过读书沙龙的形式，聊一聊小说中的这两位主人公，比较一下，到底哪一位更受大家的欢迎。

活动前，建议预先阅读小说中有关薛宝钗和林黛玉二人的章节，如第八回、第二十三回、第二十六回等。

环节一　活动准备

步骤1. 推选一位沙龙主持人，布置沙龙环境。

步骤2. 家长和孩子根据各自的喜好，自动分为甲乙两组。

甲组——宝姐姐组

乙组——林妹妹组

【温馨提示】

关于步骤1，读书沙龙，是一种非常灵活随意的阅读形式，交流内容和

活动人数都没有太多限制。活动前，需要推选出一位沙龙主持人。

活动前，建议稍稍布置一下环境，比如，将座位排成圆形，播放一些舒缓的音乐，以营造轻松舒适的活动环境。

关于步骤2，其实在一般的沙龙活动中，大家都比较轻松随意。本次沙龙活动，我们建议您按对角色的喜好把活动人员分成甲乙两组。

环节二　开始沙龙活动

步骤1. 轻松聊一聊：在薛宝钗和林黛玉中你更喜欢谁？简述理由。

步骤2. 读一读小说中喜欢的片段，感受典型人物的魅力。

【温馨提示】

关于步骤1，其目的是让孩子对人物有个整体印象，并通过聊一聊的方式，表明自己的态度立场；通过朗读小说片段，增进对薛宝钗和林黛玉两个人物的理解。

关于步骤2，建议选择书中对两个人物的外貌、语言、神态进行描写的片段。如：

薛宝钗动作描写："忽见面前一双玉色蝴蝶，大如团扇，一上一下，迎风翩跹，十分有趣。宝钗意欲扑了来玩耍，遂向袖中取出扇子来，向草地下来扑。只见那一双蝴蝶忽起忽落，来来往往，将欲过河去了。引的宝钗蹑手蹑脚的，一直跟到池边滴翠亭上，香汗淋漓，娇喘细细。"

林黛玉外貌描写："两弯似蹙非蹙罥烟眉，一双似喜非喜含情目。态生两靥之愁，娇袭一身之病。泪光点点，娇喘微微。闲静时如姣花照水，行动处似弱柳扶风。心较比干多一窍，病如西子胜三分。"

步骤3. 讲讲薛宝钗和林黛玉的小故事，进一步了解人物。

步骤4. 交流讨论：薛宝钗和林黛玉在性格、为人方面到底有哪些不同？相比之下你更喜欢哪一位？

【温馨提示】

关于步骤3，希望通过讲故事的形式进一步了解人物。建议在活动前阅读有关内容。如：

薛宝钗的故事：帮史湘云筹办螃蟹宴；拿自己的衣服给金钏做寿衣；滴翠亭杨妃戏彩蝶；住所像雪洞一般空无一物……

林黛玉的故事：黛玉葬花；黛玉焚稿；与宝玉共读《西厢记》；教香菱写诗……

关于步骤4，希望通过相互交流，深入地了解人物，了解人物行为背后的性格。所谓"性格决定命运"，同为金陵十二钗双首人物，两人在性格方面却是迥然不同的。在交流时，希望大家能在书中找出两人在性格方面的差异，并说说自己的感受。如：

薛宝钗性格：

一方面端庄沉稳，持重大方；

另一方面善于伪装，工于心计。

林黛玉性格：

一方面细心爽直，多愁善感；

另一方面性情多疑，说话尖刻。

需要提醒的是：

◇　沙龙活动不是辩论赛，主要目的不是说服对手，而是尽可能地表述自己的见解和看法。假如发现对方的见解更新颖，理由更充分，完全可以转到对方的"阵营"内。

◇　交流发言时，希望能以书中的"事实"为依据。所以，希望能在活动前从书中寻找到更多的依据，制成小卡片，供交流时使用。

◇　沙龙结束前，可再统计一下薛宝钗与林黛玉二人的支持率。

◇ 对于书中这两位女性角色的争论，或许永远没有结果，也不必有什么结果——这，也是读书沙龙的意义。

- -

阅读活动五　玩转"花签令"游戏

《红楼梦》被誉为中国封建社会的百科全书，里面有许多有趣的民俗活动，如"猜谜""放风筝""花签令"等。

本次，我们将开展一场有趣的"花签令"游戏活动，希望能在轻松的活动中激发孩子阅读名著的浓厚兴趣，深入了解作者的写作意图——相信您也会很感兴趣。

活动人数以12人左右为佳。

步骤1. 热身——"红楼群芳"大串联

首先，一起了解这个热身游戏的玩法：

两人面对面，从"1"开始，依次接龙大声报数（1、2、3、4、5……），数字后面紧接着说一个《红楼梦》中的女性名字。

遇到明"7"(7、17、27等含"7"的数字)和暗"7"（14、21、28等7的倍数)时，只能用击掌动作代替大声报数，否则将视为犯规；如说出的人物名字有误（如非女性人物，或重复前面说过的人名），也将被视为犯规而受罚。"惩罚"结束后，从"1"重新开始报数，由被罚者先报。

受罚方式可由双方事先拟定，如俯卧撑、蛙跳、唱歌等。

为了增强对抗性，游戏报数应有一定的速度要求，使游戏中的某一方忙中出错而受罚。

步骤2. 了解"花签令"游戏的目的和意义。

交流提示

"花签令"，原是宴席上的一种雅令。本次活动中的"花"，指的是《红楼梦》中的青年女性。

步骤1的热身活动，是希望通过趣味的游戏竞争，让大家对小说中的"群芳"（青年女性）形象有更多的了解，为接下来的"花签令"游戏作准备。

步骤2是要让孩子们明白，小说中的"花签令"活动，看似只是一帮年轻人在一起快乐地游戏，其实我们可以发现，作者这样的设计是很巧妙的：每个人抽到的花和诗都极其符合各自的性格，也暗合了各自的命运。了解了游戏的背景，我们不得不感叹作者的别具匠心。

步骤3. 编号及落实花名

为保证游戏的正常进行，应事先给所有参与人员编号。如，从数字"1"至"12"给所有活动人员编号，根据附3表格对应各自的花名（如抽到3号，则对应并蒂花）。

步骤4. 了解"花签令"游戏规则

"花签令"游戏规则：

（1）将用卡纸做成的纸签放入签筒内，每支纸签上都画有一种花草，并附有相应的游戏要求。

（2）所有活动人员围坐一圈，由令官先抽出第一支花签。朗读该花花名，根据签上提示的内容进行游戏。如，令官抽到3号花签——并蒂花，则由3号同学完成花签上的要求后接任令官，继续游戏。

（3）抽过的纸签不再放回签筒，防止可能出现的重复被抽到的情况。

步骤5. 畅玩"花签令"游戏

全体成员围坐一圈，选出本次游戏活动的"令官"。

令官抽签，游戏正式开始。

各人逐一抽签，所有活动成员按照花签上的指令完成任务。

筒内花签抽完后，游戏结束。

【温馨提示】

在游戏过程中，我们可以了解到不同的花名和"花语"，因此，活动娱乐

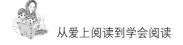

的过程其实也是阅读学习名著的过程。

为保证活动顺利进行，我们还为您附上有关花名与花语的表格和文字，供您活动时参考（见附3、附4）。

附3：号码、花名与人名对照表

1.芙 蓉 （黛玉）	2.海 棠 （史湘云）	3.并蒂花 （香菱）	4.杏 花 （探春）	5.老 梅 （李纨）	6.梨 花 （妙玉）
7.紫 薇 （王熙凤）	8.牡 丹 （宝钗）	9.桃 花 （袭人）	10.荼蘼花 （麝月）	11.迎春花 （迎春）	12.昙 花 （元春）

附4：花名与花语

芙　蓉　出水芙蓉，不可方物。请起立翩翩起舞，牡丹陪着同舞。

昙　花　镜花水月，最是人间留不住。着绘图一幅以记今朝之乐。

梨　花　意气高洁，着清歌一曲。

迎春花　朗诵一首与春天有关的小诗，以报春来。

老　梅　花开凌霜，蛙跳三下以驱寒。

牡　丹　艳冠群芳。此为群芳之冠，可随意命人做任何事。

杏　花　"杏"者"幸"也，象征幸福美好，大家恭贺清茶一杯。

海　棠　"只恐夜深花睡去"，擎此签者，上下二家拉着他做一节广播操。

荼　蘼　"开到荼蘼花事了"，表演一个小节目，在席诸人各说一句送别春天的话。

并蒂花　花开并蒂，好事成双。说出两个成双成对的物品，朗诵两句对偶的诗句。

桃　花　桃花杏花，春风一家。和杏花一起给大家沏茶。

紫　薇　仰卧起坐5次，对座者（围座时对面之人）陪做5次。

阅读活动六　制作"金陵十二钗"人物书签

《红楼梦》是一曲古代美丽女子的悲歌，其中的金陵十二钗，是小说中最优秀的十二位女子，她们或聪慧，或烂漫，或爽直，或温婉，成为古典名著中经典的艺术群像，是世界文学史上的一道靓丽风景，具有永恒的艺术生命。

读完全书，我们将以"金陵十二钗"为主题，通过制作书签的形式，把这些美丽女子的倩影永久留存下来。

活动前，准备大号空白书签、画笔、剪刀、颜料等物品。

环节一 说一说金陵十二钗

步骤1.说一说自己最喜欢的金陵十二钗（正册）人物，并简单说明理由。

步骤2.聊一聊自己喜欢的人物有哪些显著特点。

环节二 制作小说人物书签

活动要求：

◇ 活动前购买一些空白的书签。如能手工自制更佳。

◇ 上网搜索制作书签的方法。

◇ 可独立完成，也可以亲子合作共同完成。

◇ 书签以图画为主，可以有一些简单的文字介绍（见图10-2）。

图10-2 "金陵十二钗"人物书签

环节三 成果交流，相互评议

步骤1.介绍人物书签的设计意图。

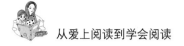
步骤2. 评选最佳书签作品。

【温馨提示】

关于步骤2的评选标准，我们作如下建议：

1. 是否为原创作品。

2. 作品是否富有创意。

3. 书签中的人物是否符合小说原型。

结　语

"红楼一世界，世界一红楼。"

作为中国百科全书式的古典文学名著，《红楼梦》无疑是一座取之不尽的文化宝藏。猜谜语，玩花签令，聊聊洋相频出的刘姥姥，画画美丽动人的金陵十二钗……短短的几场阅读活动，我们不过是初窥门径，但相信每一位阅读者，都已被这部经典名著的博大精深所深深折服。

"登泰山而小天下"，读完了《红楼梦》，你是否有了"一览众山小"的感觉？你是否还想阅读更多的小说？那还等什么，快快去图书馆借阅吧！

阅读小贴士

在思考和质疑中读书

学贵有疑，大疑则大进，小疑则小进。

质疑是读书的开始，一切真正有价值的阅读，都是和质疑密不可分的。有疑问，说明孩子会思考，不盲从，敢创新。如果您的孩子读完了一本书，最后连一个问题也提不出来，说明他缺少思考的习惯。那么，您怎么能指望这一本书给他带来收获呢？

质疑，从来都闪耀着可贵的智慧光芒。孩子只有从书中提出疑惑，才有进一步探究的可能，继而产生重大的发现和伟大的创新。而人类，也正是在不断的思考、质疑和创新的过程中，完成对前人的一次次超越。

在阅读中的质疑应该是个性化与多元化的。你质疑一部长篇小说的立意构思，我质疑书中人物身上的一个小小配饰；你质疑人物性格嬗变背后的原因，我质疑一个动作、一句话语的合理性……质疑，本没有什么"高级""低级"之分，一切经过思考的质疑都值得尊重与赞赏！家长切勿以"你怎么能有这样莫名其妙的想法"等话语，挫伤孩子可贵的质疑品格。唯有保持尊重之心，才会有质疑精神存在的土壤，并使孩子敢于质疑、善于质疑。

质疑，归根到底其实是一种批判性思维，它在孩子未来的学习、工作中显得尤为重要：不仅对大众接受的结论提出质疑和挑战，更用理性分析和建设性的方式，对自己的疑问和挑战做出合理解释——换句话说，批判性思维不仅要打破一个旧世界，还要建设一个新世界。

所以，请您珍惜、呵护孩子在阅读过程中燃起的质疑"火苗"吧，那其实是孩子渐渐长大、成熟的标志之一。同时，您还要"授之以渔"，教会孩子们更多正确的质疑方法，让他们的质疑变得更有逻辑，更有价值。

第十一讲
听，心灵在歌唱

行走在字里行间，峰回路转，柳暗花明。

不知不觉间，你仿佛来到了一个与世隔绝的桃花源——阡陌交通，鸡犬相闻……黄发垂髫并怡然自乐。

你似乎看到了一片无与伦比的荷塘月色——月光如流水一般，静静地泻在这一片叶子和花上。

你陡然间邂逅了一位正直而热情的藤野先生——八字须，戴着眼镜，挟着一叠大大小小的书。

你可能终身无法忘怀父亲的那一幕背影——戴着黑布小帽，穿着黑布大马褂，深青布棉袍，蹒跚地走到铁道边……

是啊，散文如此优美，美得令人心醉。

散文又如此具象，它，就是我们细碎而真实的人生。

一、散文阅读指南

什么是散文

散文是一种古老的文体，一直处于发展和变化中，至今仍然散发着勃勃生机。在当代文学领域，散文通常被认为是与诗歌、小说、戏剧并列的一种文学体裁，包括小品、杂文、游记、回忆录、书信、日记等。

散文往往以记叙真人真事、真情实景为主要内容，真实抒发作者的心灵感受。它取材广博，结构多样化，艺术表现形式丰富，具有形散神聚，"集诸美于一身"的特点。常见的散文表达方式，大抵可分为记叙、说明、抒情、议论和描写五种。散文大师们在创作时总是综合地运用多种表达方式，使文章富有波澜。

散文是用真挚的情感、绝美的形式、深邃的思想，来叩动读者心弦的。作家秦牧说，写散文一定要牵住"思想的红线"，把看似杂乱的一大堆材料，贯穿成文。可以说，阅读散文，就是在倾听作者心灵的歌唱！

为什么要读散文

散文不仅拥有深邃的精神见解和优美的意境，还展现了清新隽永、质朴无华的文采，可谓集合了哲理、诗情、画意于一身，美不胜收。你在欣赏散文的时候，就像走在玫瑰园里，芳香扑鼻。

优秀的散文总是充满了作者的情感体验和独特思考。阅读散文可以帮助儿童丰富自己的情感世界，同时，阅读散文也是儿童主动欣赏、感悟美的过程，有助于提升儿童的鉴赏能力。

散文篇幅短小、结构精巧，符合儿童的心理特征。因此，散文是儿童阅读不可或缺的重要部分。

小学中年级以上的儿童已经有了一定的认知能力，其思维大都仍以具体形象的思维为主，而短小精悍、情感真挚、语言优美的散文，正适合被用来作为阅读材料，培养他们的语感，提升他们的审美品位，提高他们的阅读理解能力。

 散文可以读些什么

选择那些贴近儿童生活、叙述方式亲切的散文来读，有助于儿童体会生命的诗意和思维的乐趣。

读丰富的知识

散文不受时空限制，就像一部百科全书，包罗万象。阅读它，可以"上知天文，下晓地理"。大千世界的各种知识、自然风光、风土人情，形形色色的人，千变万化的事物，都可以在散文中觅得踪影。秦牧先生在《文学生涯回忆录》中如此感慨："宇宙之大，苍蝇之微，无所不包，大千世界的诸般事物，都可以汇诸笔端。"

老舍的散文《北京的春节》，用生动的语言记录了北方过年关于吃、穿、用等的各种习俗。汪曾祺的散文《端午的鸭蛋》，不仅写了高邮鸭蛋有多美味、该如何品尝，还用质朴的文笔介绍了苏北地区的风土人情、民俗文化。阅读它们，可以增进儿童对民俗、民情的了解。散文中，还有许多记录各地自然风光的佳作，如老舍的散文《济南的冬天》等。阅读这些作品，就仿佛身临其境，漫游其中，欣赏大自然的鬼斧神工。

散文，就像一位相熟已久的朋友，在不知不觉间向你娓娓道来一处景观，一件物什背后的历史，脉络清晰而文笔优美，让你在愉悦的阅读中收获丰富的知识。

读精妙的结构

"形散神聚"，是散文的重要特点。

苏轼在《文说》中评说自己的散文："吾文如万斛泉源，不择地而出。在平地，滔滔汩汩，虽一日千里无难。及其与山石曲折，随物赋形而不可知

也。所可知者，常行于所当行，常止于不可不止，如是而已矣。"可见散文结构的自由灵活。

如朱自清的《荷塘月色》，从作者出门经小径到荷塘复又归来，依空间顺序描绘了一次夏夜游园的经过。景物描写看似散乱，但是情感思绪是集中的，从不静、求静、得静到出静，表达了作者的苦闷与彷徨。

"形散神聚"的说法虽然有些简单，但是准确地概括了散文的基本特征。换句话说，散文在表面上有点散乱，行文断断续续，时而勾勒描绘，时而倒叙联想，既有天文地理，又有人情世故，看似散漫无章，前后不搭。但是，它的"神"却又首尾一贯，结构紧凑，层次分明，所谓"神收不杂"。

小学阶段的孩子，其认知和情感水平尚在发展中，并不健全。对于散文的结构理解，不容易达到预期的深度和广度。因此，小学生读散文，就该找到一些简单有效的方法，如寻找体现作者为文缘由与目的的"文眼"，注意散文中各材料之间的联系，等等。

读独特的审美

散文素有"美文"之誉，其原因，在于散文具有诗的特质，讲求诗的意境、情调与韵味。诗意般的美糅合着浓郁的情趣，所以散文中既有美得不可方物的自然风光，也有美好、真挚的人文情怀。散文作家杨朔说："不要从狭义方面来理解诗意两个字。杏花春雨，固然有诗，铁马金戈的英雄气概，更富有鼓舞人心的诗力。你在斗争中，劳动中，生活中，时常会有些东西触动你的心，使你激昂，使你欢乐，使你忧愁，使你深思，这不是诗又是什么？凡是遇到这样动情的事，我就要反复思索，到后来往往形成我文章里的思想意境。"（《东风第一枝》小跋）

如儿童文学作家乔传藻的散文作品，为孩子们开辟了一条通往大自然的道路，把他们引进了过去还没有人，或很少有人涉猎过的领域。他的笔下，有山林中爱唱歌的斑鸠，有会站岗放哨的小猴子，还有遥远的边寨、茫茫的森林……

一直以来，审美被视为教育必不可少的构成部分，它需要调动孩子已有的经验去体会作品、感悟生命，努力追求诗意的人生态度。最终，孩子把学习体悟和个体生命融为一体，从而使生活有了更多可能性。散文追求语言优美、情感唯美，正契合其中的审美目标。比如儿童文学作家桂文亚，她善于写旅途见闻，她在散文中用平和亲切的语言对孩子讲述她眼中的世界：旖旎多姿的异国风光、鳞次栉比的江南房屋和故乡一望无际的荷田……她热情地为孩子们打开一扇扇通往多彩世界的门，引领他们去感受、体验不同的风景、不同的人情。

因此，散文能激起孩子欣赏美、表达美的欲望，提高孩子们的审美品位。同时，在散文优美语言的积累和熏陶中，孩子们的语感也自然地得到培养。

散文可以怎么读

那么，如何阅读散文，体味到散文的"真谛"呢？

阅读优秀的散文，就好比和充满智慧的大师交谈。过于功利或者心浮气躁的人，是无法与大师以心会心的。只有放下心中欲望，静心素读，才能真正聆听到大师的心声，得到大师思想的启迪，获得美的感受，陶冶高尚的情操。

综上，我们认为，家长在指导孩子散文阅读时，可以从下述几个方面着手。

积累散文中的"真"

真情实感是散文的灵魂。散文作家赵丽宏说："每个人的心里都有一根情感之弦，它会不时被生活中的动人景象拨动。你能用自己的语言真实生动地记录下心头之弦的颤动，就会是成功的散文。"巴金写《随想录》，就是把心底汩汩流淌出来的真情实感落于笔端，袒露一片赤子之心。朱自清先生用最平实质朴的文字，写下了脑海里印象最深刻的父亲的背影，把父亲对儿女的爱，表述得细腻有加，真挚感人。

散文贵在散，但并不允许信手乱写。掷地作金石声的散文，都是作家雕心刻骨的"涂鸦"。他们想表达的情感，会寄托在文章的某个事体里。所以我们阅读散文、感悟作家情感较好的方法，就是寻找"情物"——即散文作品中所记述的中心物，它可以是一个人、一处景、一件物品……凡是能让作家寄托情感的载体，都是"情物"。

阅读一篇散文，找到作品中的"情物"以及它的象征意义，对于掌握整篇文章的精髓是大有帮助的。寻找到了这个"物"，就可以从中去体会作者在文中所寄托的真实感情。

读懂散文中的"美"

散文即"美文"，如何在阅读中发现美、感受美呢？家长需要引导孩子进入美的情境中，阅读美的语言，从而促使他们与作者产生情感共鸣。

散文之美，在于意境之美。阅读散文时，家长可以让孩子在具体的生活化情境中去感受。只有进入文章描写的具体情境中，才会有深切体会。比如夏丏尊的《谈吃》："至于吃的方法，更是五花八门，有烤，有炖，有蒸，有卤，有炸，有烩，有醉，有炙，有熘，有炒，有拌，真正一言难尽。古来尽有许多做菜的名厨司，其名字都和名卿相一样煊赫地留在青史上。不，他们之中有的并升到高位，老老实实就是名卿相。如果中国有一件事可以向世界自豪的，那么这并不是历史之久，土地之大，人口之众，军队之多，战争之频繁，乃是善吃的一事。中国的肴菜已征服了全世界了。有人说中国人有三把刀为世界所不及，第一把就是厨刀。"这里介绍的，多为旧时中国社会常见习俗，在今天看来，有年代感也有距离感。阅读时，可让孩子先回忆自己知道的各地饮食习俗，感受节日热闹的氛围和人们对于美好生活的愿景。当然，也可以通过绘画的方式，把阅读散文时对文字背后的图像的想象画出来。还可以运用看、听、摸、闻、尝等"五官感受法"，身临其境地去感受散文中的各种"美"。

散文之美，还在于语言之美。阅读散文时，可以通过各种形式的朗读去反复咀嚼、体会，进行积累。如朱自清的《春》，语言朴素、活脱："桃树、杏树、梨树，你不让我，我不让你，都开满了花赶趟儿。红的像火，粉的像霞，白的像雪。花里带着甜味儿；闭了眼，树上仿佛已经满是桃儿、杏儿、梨儿。花下成千成百的蜜蜂嗡嗡地闹着，大小的蝴蝶飞来飞去。野花遍地是：杂样儿，有名字的，没名字的，散在草丛里，像眼睛，像星星，还眨呀眨的。"这段的语言生动有趣，节奏感轻快，感染力强。孩子可以边阅读边批注，圈画优美词句，批注语言表达的精准之处。

感悟散文中的"善"

散文虽然短小精悍，但往往是作者思想的精华，背后有作者广阔的生活背景、人生经历、哲理思考等。

阅读散文，要尝试与作者对话，试图去了解作者的所思所想，同时也要联系自己的生活，加强对自我的认知。同样一件事，一个背景，作者是怎么想怎么做的？而"我"如果碰到，会怎样想怎样做？这样思考，更能把握散文的主旨，也能理解散文中蕴含的深刻情感。

比如林海音《城南旧事》中的《迟到》一章，深受小读者喜爱。那是因为，在他们的生活中也一定经历过这样的事例。作者因为第一次迟到，受到爸爸的严厉责罚，从此下定决心，要做一个一生守信的人。这样的文章，对于每一个小读者无疑都是具有强烈的启示和正面引导作用的。

优秀的散文都有一个特性：作者的写作意图是充满善意的，作品的价值观也是向善的。它从不怀着媚世获利的私心杂念，而是秉承着高尚的道德良知，如山间不染尘埃的汨汨清泉，荡涤着孩子幼小的心灵。

二、 和孩子一起阅读《小桔灯》

关于《小桔灯》

亲爱的家长，在了解了散文的诸多特点后，让我们拿起一本文质兼美的散文集——冰心女士的《小桔灯》，用我们的心去感受散文的"心"，用我们的智慧和人生体验，去感受作者"用心灵弹奏的歌声"吧！

我们选读的冰心散文集《小桔灯》，是江苏凤凰文艺出版社的版本。

《小桔灯》的作者冰心，原名谢婉莹，是我国第一位现代儿童文学作家，被誉为"中国现代儿童文学奠基人"，也是著名现代诗人、翻译家。

为什么读《小桔灯》

《小桔灯》是冰心的代表作，书中多篇散文曾被选入中小学语文教材。书中的散文题材广泛，既饱含真挚的情感，也有深刻的哲理思考。她通过对自身经历的细腻描写，生动而形象地反映了各个地方独特的历史、地理、文化、风俗等。通过阅读，读者可以从中获得丰富的百科知识。

冰心在散文的创作过程中，特别注意情感的文字表达，往往将自身的审美心理和审美理想，借助优美的语言表现出来，因而其作品值得孩子细细阅读。

《小桔灯》阅读建议

《小桔灯》亲子阅读建议如下：

◇ 建议家长带着孩子花10天左右时间读完本书，每天阅读时间约为45分钟。

◇ 建议家长和孩子在阅读期间开展5次亲子阅读活动。

《小桔灯》亲子阅读活动安排如下：

活动一 做一盏小桔灯

活动二 做一期"朗读者"节目

活动三 给妈妈写一封信

活动四 玩一次百科转盘游戏

活动五 给《小桔灯》制作一个腰封

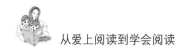

阅读活动一 做一盏小桔灯

本次活动，家长将和孩子一起走进美丽的散文集《小桔灯》。通过制作小桔灯，激发孩子阅读散文的兴趣，同时引导孩子将散文与生活联系起来。

活动前，建议准备桔子、针、线、短蜡烛、筷子等材料。

步骤1. 亲子共读散文《小桔灯》。

步骤2. 猜一猜：编者为什么将"小桔灯"作为本书的书名？

交流提示

关于步骤2，建议从这些角度去猜测：

《小桔灯》是作者的代表作之一；

小桔灯象征着蕴藏在人民心中的希望和火种，象征着光明，富有意义；

《小桔灯》的语言优美，独具特色……

只要孩子言之有理，大人都应给予鼓励。最终，要让孩子了解这样一个知识：许多散文或小说集的作家通常会把书中某一篇文章的篇名当作书名。而那篇文章，往往是他（她）的代表作。

步骤3. 按照书里的方法，亲子共同制作一盏小桔灯。

【温馨提示】

关于步骤3，制作小桔灯的过程建议如下：

1. 先在桔子顶部开一个小孔，取出桔肉。

2. 将一根短蜡烛放进桔子里。

3. 用针线缝合小孔周围的裂缝，穿过桔子两端，并将线固定在筷子上。

做好小桔灯以后，可以关掉家里所有的灯，将蜡烛点燃，感受小桔灯在黑暗中微弱的光芒，并把自己的感受描述给对方听。

　　制作小桔灯的过程并不复杂，目的是让孩子体会散文中小姑娘坚强乐观的生活态度。所以，在关上灯感受小桔灯的微光时，建议家长和孩子一起深情朗读散文中的相关片段。

阅读活动二　做一期"朗读者"节目

　　散文的语言可以塑造一个完整的世界，重如山，轻似烟，行云流水，尤其适宜朗读。本次活动，家长和孩子将以《只拣儿童多处行》为例，共同化身为朗读者，通过朗读和点评的方式，感受散文的语言美。

　　活动前，家长和孩子可事先在"喜马拉雅"或者"荔枝FM"等APP里寻找适合的朗读音频，共同聆听、欣赏，活动前应准备电子设备和喜爱的配乐。

　　步骤1. 亲子共读散文《只拣儿童多处行》。
　　步骤2. 选读喜欢的段落，说说理由。

交流提示

　　这篇散文的美，有如下体现：

　　1. 美在语言的"形象生动，情景交融"。可通过朗读描写海棠花的片段，感受冰心对春天的赞美。

　　2. 美在语言的"引经据典，文采斐然"。可通过朗读文中引用的诗句，感受春游时热闹的场景。冰心在引用古籍时，有时也会稍做改动。

　　3. 美在语言的"短句口语，轻松活泼"。朗读描写"知春亭孩子"的片段，这段的短句比较多，读一读，可以感受文章轻松的语言特色。

　　步骤3. 朗诵喜欢的段落，表现散文的语言美。

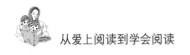

步骤4. 给朗诵的段落写一段点评。

步骤5. 制作"朗读者"节目。

【温馨提示】

关于步骤4，点评内容不限，形式不拘，有很高的自由度。可以这样启发孩子：

1. 点评内容：段落中提到的人、景、物给自己留下的印象。

2. 点评写法：作者是如何选取角度、独辟蹊径、组织语言的。

3. 点评原因：想想作者写作这一段落的用心。

4. 点评感悟：写写自己在阅读这段文字后的内心感受。

关于步骤5，制作"朗读者"节目建议如下：

1. 召集家里能够参加的成员，确定节目的时间和地点。

2. 活动开始前，家人一起讨论，选择合适的音乐。

3. 读完后，邀请家人进行点评，彼此间相互鼓励。

4. 录制好节目以后，还可以上传到网上，分享给更多人。

阅读活动三 给妈妈写一封信

散文情感真挚，文质兼美，其背后有作者广阔的生活背景、人生经历。阅读散文，可以通过阅读文章内容，了解作者的所思、所想、所感，同时联系自我，收获启示或者认知。

本次活动，家长和孩子将共同阅读《南归》，再让孩子仿照这篇文章，给妈妈写一封信，抒写孩子们的真挚情感和哲理思考。

活动前，准备好纸和笔等材料。

步骤1. 亲子共读散文《南归》。

步骤2. 亲子交流：冰心在《南归》中记叙了几件事？表达了怎样的情感？

交流提示

交流时，可以参照这几个角度展开：

1. 交代写这篇散文的缘由：为了纪念母亲，表达对母亲深深的爱与思念。

2. 在外地收到母亲病重的电报，准备南归。

3. 南归途中，带病赶路。

4. 回到病重的母亲身边侍疾。

5. 母亲故去，料理后事，思念母亲。

亲情，是散文永恒的主题。通过交流，一方面可以帮助孩子梳理文章脉络；另一方面，可以让孩子感受作者与母亲之间那种水乳交融的情感和对故去母亲绵绵不尽的思念。

步骤3. 谈谈自己和妈妈在生活中的点滴故事，说说当时和现在的想法。

交流提示

可以从这样几个角度交流阅读感受：

1. 共同回忆、补充那些故事的来龙去脉和细节。

2. 亲子间相互交流，谈谈自己当时的感受。

3. 结合《南归》这篇散文中表达出来的情感，谈谈自己对于亲情、对于母爱的看法。

步骤4. 模仿文中的写作手法，给妈妈写一封信，把自己的情感用书信的方式表达出来。

【温馨提示】

通过回忆自己和妈妈之间那些难忘的片段，表达对妈妈的感激、热爱之情。用书信的形式抒写感受，只要不偏离散文原本的主旨，有理有据即可。

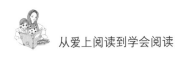

此外，提醒孩子注意规范的书信格式。

阅读活动四　玩一次百科转盘游戏

散文的题材广泛，无所不包。阅读散文，可以"上知天文，下晓地理"。本次活动，家长和孩子将以《童年的春节》为例，一起制作、畅玩百科转盘，在游戏中感受散文里丰富的百科知识和风土人情。

活动前，建议准备红包、彩纸、彩笔、剪刀、摁钉等材料。

环节一　制作过年习俗红包

步骤1. 聊聊全国各地过年时，都有哪些习俗。

步骤2. 亲子共读散文《童年的春节》，找出各种过年的习俗。

交流提示

各地过年的习俗有很多，如：

1. 春节前往往会把家里打扫得很干净。

2. 除夕会"守岁"，孩子们还会收到压岁钱。

3. 春节时，家人一般都会团聚，还会坐在一起吃饺子。

4. 春节时会在门上贴对联和"福"字。

5. 有些地方过春节时，还会放鞭炮和烟花，非常热闹。

《童年的春节》中提到的过年习俗：

1. 吃糟肉、吃卤肉

2. 拜祖宗、收压岁钱

3. 放鞭炮、耍花会、打扫房间、贴红纸、灯会

步骤3. 将找到的过年习俗分别写在纸条上（每张纸条上只写一条习俗），再将写好的纸条放入一个个红包内。

环节二　制作百科大转盘

步骤1. 翻阅散文集，寻找更多的百科知识。

步骤2. 亲子讨论：书中提到的百科知识大致可以分为哪几类？

步骤3. 按照分类，制作一个百科知识转盘（见图11-1）。

【温馨提示】

关于步骤3，先收集《小桔灯》散文集里的知识，然后将搜集到的知识进行分类。当然，这种分类往往是粗略的，应尽可能尊重孩子的想法。

例如，可以从这几个角度进行分类：

1.优美的自然风光

2.各具特色的人物

3.难忘的事

4.丰富的民俗知识

5.真挚的爱

制作百科转盘时，可以先把总结出的类别写下来，分布在圆盘上。再用硬

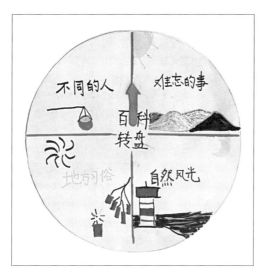

图11-1　百科转盘

纸剪一根指针形状，用摁钉固定在圆盘上。

另外，应考虑知识分类的难易度，比如"难忘的人"难度较小，分值可以略低一些；"地方习俗"难度较大，分值可以设定得高一些。

环节三　玩转百科转盘

【温馨提示】

百科转盘的游戏规则：家长和孩子轮流转动指针，指针停留在哪个类别，另一人须说出这方面的知识。答对者可赢得对方一个红包，反之则输给对方一个红包。最后，以红包多者为胜。

阅读活动五　给《小桔灯》制作一个腰封

不知不觉，散文阅读系列活动已近尾声。本次活动，家长和孩子可以一起总结阅读的收获，朗读美文、制作腰封，用最美的活动形式告别最美的《小桔灯》。

活动前，建议准备好彩纸、彩笔、剪刀等材料。

步骤1.亲子交流：目前一共读了多少篇散文？有什么收获？
步骤2."最美瞬间"亲子朗读交流。

交流提示

这是《小桔灯》系列阅读活动中的最后一次活动。交流，是对孩子阅读质量的小小检测。同时，希望通过亲子朗读活动，让大人与孩子共同感受散文之美。

步骤3.确定腰封的内容。

步骤4.制作散文集《小桔灯》的腰封（见图11-2）。

【温馨提示】

对于腰封的制作，我们有以下建议：

1.亲子一起量一量封面的长度和宽度，剪裁腰封的形状。

2.腰封设计须做到图文并茂。图画可以选用散文里的人物、场景或景物，文字可以是原文摘录，也可以是"我"的评价（对文章、对作者）。

3.腰封制作完毕后，可将腰封套在书上，并和小伙伴交流心得。记得亲子之间相互感谢一下对方的亲情陪伴，给对方一个大大的"赞"！

如果孩子爱上了散文，可以推荐他读更多的散文，比如《给孩子的散文》、汪曾祺的《人间草木》、吴伯箫的《北极星》及李娟的《阿勒泰的角落》等。

图11-2 《小桔灯》腰封

结　语

每篇散文，都是作者用生命演绎的一曲华章。

如果你想了解这大千世界的芸芸众生，来读读散文吧！如果你想获取更多五花八门的知识，来读读散文吧！如果你想滋养自己的心灵，润泽自己的精神，来读读散文吧！如果你想领略这世间的真善美，看遍这世间的繁华与寂寥，散文必定是你不可多得的伴侣……

愿散文成为你最亲密的良师益友，愿散文中的一切美好永远陪伴你左右！

怎样才能"活"读书

读书有"死读"与"活读"之分。

"死读"者，但知皓首穷经，迷信书中的一切，却不善活用贯通。这样的人，即便学富五车，也只是书虫一枚而已。相反，"活读"者却能举一反三，活学活用，善于思考，敢于创新。这样的读书，才有趣味，才有活力。

那么，如何能做到"活"读书呢？

首先，应当让孩子在阅读中学会联系和比较。不同作家、不同文体之间可以联系比较；书本与生活、历史与现实、不同地域的文化等都可以进行联系比较。只有联系比较，才能由此及彼，才能区分辨别；只有联系比较，才能全面深入地了解事物，有效提高欣赏和鉴别能力。可以这样说，善于联系比较的孩子，他们的思维是立体的，他们的目光所及，必是一片茂密的森林，而非一棵棵孤立的树木。

其次，要让孩子在阅读中学会迁移运用，把从前在阅读中积累的方法，在新的阅读中加以运用。迁移，是一种学习对另一种学习的影响；运用，是检验孩子是否真正掌握知识点的试金石。只有活学活用，才算真正学会了读书。

"世上何人不读书？书奴却以读书死。"读书，是一件大好事，但却千万不可死读书，成为书的奴隶。学会"活"读书，方能更好地享受读书的乐趣。

第十二讲
星光熠熠伴我行

亲爱的家长，随着孩子步入小学中高年级，您是否也遇到过同样的烦恼：您的孩子似乎徘徊在前进的十字路口，失去了方向，甚至跟随着时代"节拍"，追起了大大小小的"网红""明星"……那么，怎样才能让他们重新变得健康阳光，充满积极向上的正能量呢？

请带领孩子一起去读读人物传记吧！心理学研究表明，人在成长的过程中，常会通过寻找自己的偶像完成自我认知。所以，孩子们阅读一些人物传记，或许会从这些人身上汲取力量，受到人生启示，并且寻找到前行的方向。

一、传记阅读指南

什么是传记

传记，亦单称"传"，是一种常见的文学形式，主要记述人物的生平事迹，根据各种书面或口述的材料，加以选择性的编排、描写与说明而成。

从叙述人称看，传记可分为自传与他传；从创作方法看，传记可分为历史传记和传记文学。本章的亲子阅读书目《假如给我三天光明》就属于传记文学。

和小说等文学形式有所不同，传记的第一特征是真实性，不允许任意虚构。当然，在传记作品中，作者可以用各种艺术的手法，如使用散文化的语言，生动形象地描写一些细节；或注入作者及当事人的情感，使传记作品更具可读性，使传记人物显现出鲜活的生命力。

为什么要读传记

阅读传记，对于小学阶段的孩子来说，是非常有价值的。

阅读传记能让孩子开阔视野，看到更加真实、广阔的世界。传记记录的不仅是传记人物个人成长的经历，还是与之相对应的广阔时代背景。通过阅读，孩子可以了解到很多历史、社会、文化信息。

阅读传记能让孩子走近名人，感受名人身上崇高的情怀与品质。一般来说，能够立言立传的，多是载入史册、名垂千古的人物。他们中，不乏伟大的思想家、政治家，杰出的科学家、艺术家……阅读传记，可以让孩子走近这些名人，并且感受到这些人物身上所散发出来的强烈人格魅力。

阅读传记能让孩子树立志向，从传记人物的成长之路中汲取精神力量。传记人物之所以能取得常人难以企及的成就，往往是因为他们拥有卓越的见识、出众的智慧和超人的毅力。这些精神力量，可以帮助孩子跨越险阻，战胜困难。

传记可以读些什么

独特的人格魅力

传记人物的人生经历丰富，他们往往拥有鲜明的个性和高尚的品质。即便岁月变迁，也无法褪去那耀眼的光芒。阅读传记时，孩子们最需要感受的，就是在人类历史长河中，这些熠熠生辉的人物身上所散发出来的令人钦羡的独特人格魅力。读《史记·项羽本纪》，可以领略西楚霸王力拔山河的盖世豪气，感受他身先士卒，与士兵同甘共苦的宝贵品质；读《安徒生传》，可以感受童话大王无论遭遇如何不公的命运，也绝不放弃希望，绝不停下前行脚步的宝贵品格……正如著名作家茨威格所说，读伟人的传记，就是与勇敢的心灵作伴。

纷繁的时代背景

读传记时，为了探究传记人物的人生轨迹和成功因素，我们常常会去深入了解名人所处的那个时代。比如读《居里夫人传》，从19世纪众多科学家前赴后继的英勇身影中，我们能够充分感受到他们在探索自然科学的道路上披荆斩棘、点亮人类文明之灯的精神风采，从而理解科学家居里夫人不畏艰难、勇于探索的意志品质；读《宋庆龄传》，可以了解这位伟大女性一路成长，最终成为共和国功臣的光辉历程，同时也能瞻仰到无数革命先辈在那个至暗年代中舍生忘死、换取中华民族独立与解放的牺牲精神。所谓"时势造英雄"，正是因为各种各样的时代背景，才会造就各种伟大的英雄人物。

成功背后的启示

阅读传记时，孩子们最需要思考的，是如何从这些伟人身上汲取前行的力量。读《乔布斯传》，在了解到乔布斯与比尔·盖茨刚度过合作"蜜月期"，却毅然分道扬镳的事例后，除了感慨这位"苹果之父"卓尔不凡的伟大成就，是不是还可以这样思考：是什么力量，让一个人不满足于眼前的小小成功，内心永远充满了昂扬的斗志？读《苏东坡传》，在了解到苏东坡起起落落，屡受打击却始终豁达乐观的故事后，不妨进行这样的思考：是什么样的力量，让一个人在逆境中始终心怀希望，笑对生活？诚然，阅读传记，不可能简单复制传记人物的成功之路，但是，却可以让孩子们在思考中，寻找到前行的勇气和动力。

传记可以怎样读

自主选择阅读书目

自主的阅读从选书开始。每个人的能力不同，兴趣不同，阅读的"口味"自然也不同。所以，应支持、鼓励孩子根据自己的兴趣，选择真正喜爱的人物传记来阅读。

此外，建议孩子根据自己的阅读能力，挑选适合自己的读本。比如读苏东坡的传记，既可以选择阅读难度较大的作品，如林语堂所著的《苏东坡传》，也可以选择阅读难度相对较低的读本，如祁念曾所著的《苏东坡的故事》；再如，同样读《乔布斯传》，可以挑选沃尔特·艾萨克森所著的《史蒂夫·乔布斯传》（文字版），也可以挑选杰茜·哈特兰所绘的《乔布斯传：我可以改变世界》（漫画版）进行阅读。

实践证明，根据自己的兴趣自主选择适合的阅读版本，能使孩子在阅读中时时保持浓厚的兴趣和认真的心态，从而爱上人物传记。

需要指出的是，受"追星"风气的影响，有些孩子会误选当下一些"网红人物""流量明星"的传记来阅读。对此现象，父母应加以关注并适当干预，帮助孩子正确选读传记作品。

绘制图谱，加强理解

通过绘制思维导图，可以更有效地掌握人物信息，更全面地了解人物性格，更深刻地感受人物的独特魅力，从而形成对人物的客观评价。

具体来说，可以绘制以下几种图谱：

第一，人物成长轨迹图。人在成长的过程中，总会经历各种事件，这些事件也决定了每个人不同的命运。因此，采用画时间轴的形式，以重点事件为线索，梳理传记人物的成长轨迹，可以帮助读者看清传记人物的成长之路。

在绘制人物成长轨迹图时，父母应鼓励孩子发挥主观能动性，画出各种富有童趣的图谱。

第二，人物关系图。传记涉及的人物众多，绘制人物关系图，能使传记人物的家庭、社会等人际关系更加清晰，帮助孩子快速了解传记中的人物及其相互关系。

绘制人物关系图时，父母可以先确定一个主题（如主人公的家庭关系图），然后鼓励孩子发挥创意，激发孩子的阅读兴趣。

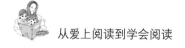

第三，人物评价图。有效的阅读，不仅体现在信息的高效获取上，还体现在读者独立的思考和判断上。在阅读传记的过程中，父母需要引导孩子对传记人物进行多元、深度的评价。在形式上，通常可以借助气泡图、韦恩图等思维导图进行深入思考，在思考中形成个人认知。

分析推论，获得观点

阅读传记作品，同样需要通过各种手段发展孩子的思维能力。

如何强化孩子们的思维？在阅读传记作品时，对作品中繁杂的信息加以提取、筛选，再进行富有逻辑的"缜密"思考后，最终做出有依据的明晰判断，这个过程就是强化思维的过程。具体操作时，家长可以引导孩子采用"整合信息→分析推论→形成观点"的"三步法"，通过对书中呈现的客观信息（如时间、地点、人物、事件、生活环境及时代背景等）进行整合，借助归因、想象、假设、推理等思维方法，帮助孩子形成自己的观点。这样的分析过程，有助于孩子形成完整的"思维链"，孩子的探究性思维、批判性思维也能得到充分的发展。

由于年龄关系，孩子们在"分析""判断"的过程中，或许会出现这样那样的小问题，真诚地建议家长，用发展的眼光欣赏孩子们的每一次发言，每一个观点——因为思维品质的培养，远比得到答案更重要。

联系自我，获得启发

联系自我，指的是孩子在阅读过程中，将自身与传记人物联系起来，和传记人物进行各个维度的联系和比较，从心理上拉近传记人物与自己的距离，从传记人物身上汲取精神力量，获得人生的启迪。

例如，在阅读传记时，可以寻找一个共同关心的话题，如"逆境中的表现"。先梳理传记人物的想法和做法，然后进行自我反省，寻找自己与传记人物之间的差距。这样的阅读，能够将传记人物的榜样作用潜移默化地根植于孩子内心，让孩子在成长的道路上，找到属于自己的方向。

二、 和孩子一起阅读《假如给我三天光明》

关于《假如给我三天光明》

《假如给我三天光明》，是美国著名盲聋女作家海伦·凯勒的自传。

海伦·凯勒（1880—1968），美国现代女作家、教育家、社会活动家。她19个月大时，因为疾病失去了视觉与听觉，此后一生都在黑暗中度过。但是她却自强不息，以优异的成绩毕业于哈佛大学拉德克利夫女子学院。她一生共完成14部著作，处女作《我的生活》一经发表，便在美国引起轰动，被称为"世界文学史上无与伦比的杰作"。著名的传记作品《假如给我三天光明》，源自她当时应邀为美国《大西洋月刊》撰写的散文。

除了写作，海伦·凯勒终生为盲人事业四处奔波，给人类带来光明与希望，被评为20世纪美国的十大偶像之一，堪称人类意志力的代表。马克·吐温这样评价她："19世纪有两个奇人，一个是拿破仑，一个就是海伦·凯勒。拿破仑试图用武力征服世界，他失败了；海伦·凯勒试图用笔征服世界，她成功了。"戴尔·卡耐基这样评价她："任何困难都不可能锁住一颗向往伟大的心灵。"

为什么读《假如给我三天光明》

这本自传，真实记叙了海伦·凯勒的成长经历，是作者至性真情的流露。全书倾诉了她对生活的礼赞，表达了她积极乐观的生活态度。阅读这本传记，能够让孩子对生活充满美好的向往。同时，海伦·凯勒文笔流畅优美，以动人且富于诗意的笔触，表达了自己对生活的爱恋，因此本书还具有较高的文学欣赏价值。

《假如给我三天光明》阅读建议

建议选择阅读由李汉昭编译，华文出版社出版的版本，内容通俗易懂，

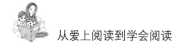

译文优美流畅，适于少年儿童阅读。

建议多个家庭共同参与，以"读书会"的方式进行亲子共读活动。

阅读开始前，可让孩子蒙住眼睛，戴上抗噪耳机（或耳塞），做一些简单的日常生活动作，体验一下盲聋人的生活，感受盲聋人的艰难，为后续的阅读活动作铺垫。

坚持每天阅读，两周内读完全书，开展六次亲子共读活动。

活动一　制作读书便签

活动二　绘制思维导图

活动三　办一场读书沙龙

活动四　举行一场演讲会

活动五　举行一场朗诵会

活动五　给本书写"推荐词"

《假如给我三天光明》亲子阅读活动

阅读活动一　制作读书便签

本次阅读之前，可准备三种不同颜色的便签纸，依照KWL阅读方法，和孩子一起制作几张饶有趣味的读书便签。

步骤1. 快速阅读封面、封底、勒口中关于"海伦·凯勒"的文字信息，然后相互提问，看谁记得的信息更多。

步骤2. 根据KWL阅读方法，在不同颜色的便签纸上，分别记录"阅读前，我知道了（K）""我想知道（W）"以及"通过阅读，我知道了（L）"三类信息，做成读书便签，贴在扉页上。

【温馨提示】

读书便签，是用来记录阅读中产生的问题、获得的信息等各种内容的小型纸片（见图12-1）。使用读书便签，能将阅读时的短时记忆转化为长期记忆，是一种有效的阅读方法和良好的阅读习惯。

建议在阅读前制作第一张"阅读前，我知道了（K）"读书便签，在阅读封面、封底及勒口信息后，制作其他两张读书便签。

制作"我想知道（W）"读书便签时，建议引导孩子多提一些开放性的问题。

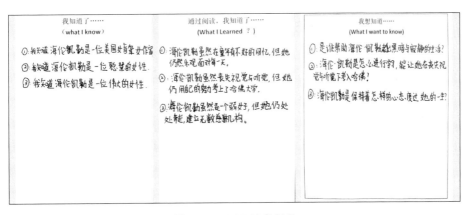

图12-1　KWL读书便签

步骤3.交流各自的读书便签。

【温馨提示】

为了保证讨论的有序进行，建议商议建立一套"发言制度"。如选择一个类似话筒的物品作为"发言道具"，发言者须持有"发言道具"才能发言。发言完毕后，将"发言道具"交给下一个发言者。

交流中，孩子应当学会安静聆听，这也是良好教养的体现。

KWL阅读法

KWL阅读法是美国学者Ogle于1986年提出的一种阅读指导策略。K是"What I know"（读之前我知道了什么），通过讨论，引导儿童获取对某本书的已知信息，并从别人的说法中印证自己的信息；W是"What I want to know"（我想通过阅读知道什么），引导孩子从多角度思考，在分享各条问题之后，产生心中所渴望知道的信息，从而确定孩子阅读的目的；L是"What I Learned"（通过阅读我知道了什么），孩子通过阅读，尝试从文章中找出自己渴望得到的信息，并总结自己在文章中学到的新信息。

KWL阅读法可以在阅读过程中被不断使用，孩子始终处于"获取信息→产生问题→获取信息"的状态下，能够很好地明确阅读目标，激发阅读兴趣，阅读收获会更多。

阅读活动二 绘制思维导图

通过绘制不同形式的思维导图，多角度地了解海伦·凯勒，比如她曲折的成长经历、鲜明的性格特点、令人惊叹的成就等，有助于我们更加全面地了解传记人物，感受传记人物的人格魅力。

本次活动，建议在完成第一章和第二章的阅读后进行。活动前，准备好空白纸、彩笔等材料。

步骤1. 借助活动一中自制的读书便签，交流对海伦·凯勒的了解。

步骤2. 任选一个感兴趣的话题，再次阅读第一、二章，整理相关信息。

——海伦·凯勒的求学之路

——海伦·凯勒获得了哪些人的帮助

——海伦·凯勒的性格特点

——海伦·凯勒获得的成功

步骤3. 绘制思维导图（见图12-2至图12-4）。

步骤4. 交流各自的思维导图，相互点评。

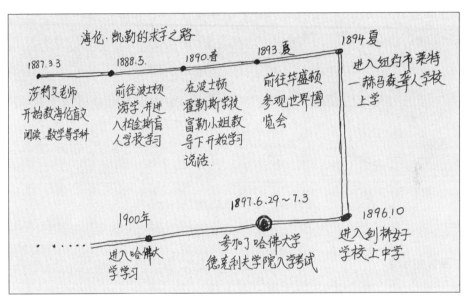

图12-2　海伦·凯勒的求学之路

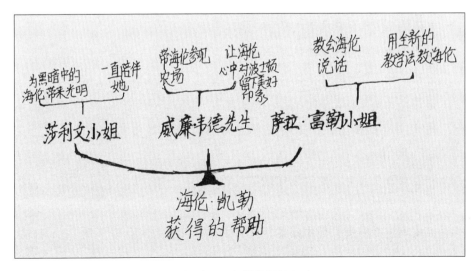

图12-3　海伦·凯勒获得的帮助

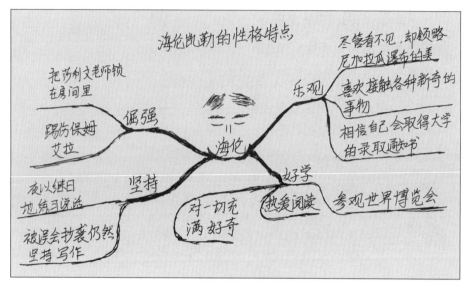

图12-4 海伦·凯勒的性格特点

【温馨提示】

- -

思维导图有不同的图式，每一种图式均有不同的用途。家长可以根据孩子们选择的话题给予具体指导。如：

表现海伦·凯勒的求学之路——线形图

描述海伦·凯勒得到的帮助——树状图

分析海伦·凯勒的性格特点——气泡图

描述海伦·凯勒取得的成功——气泡图

随着阅读的深入，孩子会不断丰富思维导图的图式，从而加深对海伦·凯勒的了解。

相互点评作品时，建议设定以下规则：

1.善于发现他人优点。

2.提建议时能提供解决方案。

3.无论同意与否，均对点评者的发言表示感谢。

- -

阅读活动三　办一场读书沙龙

在成功的道路上，离不开家人、朋友、师长的关爱和帮助。本次活动，将通过"读书沙龙"的方式，促使孩子们进行深入思考：海伦的成功离不开哪些原因？书中的莎莉文老师、马克·吐温等人物，对海伦·凯勒的一生产生了怎样重要的影响？

此次活动，同样建议在完成第一、二章阅读以后进行。

步骤1. 结合第一、二章的阅读收获，梳理海伦·凯勒的成功之处，记录在读书便签上。

交流提示

在这两个章节中，可以发现海伦·凯勒曾取得过许多次成功，例如：学会盲文、进行写作、考入哈佛大学等。

步骤2. 梳理海伦·凯勒遇到过的挑战，记录在读书便签上。

交流提示

海伦·凯勒报考哈佛大学时面临的挑战：

1. 没有为盲聋人设置专门考试的先例；

2. 考试科目多，远远超过海伦·凯勒的知识储备；

3. 考试制度严格，一直陪伴在她身边的莎莉文老师不能进入考场。

步骤3. 梳理海伦·凯勒取得成功的原因，记录在读书便签上。

交流提示

以海伦·凯勒考上哈佛大学为例，指导孩子从"内因"和"外因"

两个角度搜集材料。

◇内因（即海伦·凯勒自身的努力）

她面临困难时的想法：

"上大学的念头已经在我心中根深蒂固，而且成为我最热切的愿望。我不顾许多真诚而又聪明的朋友们的反对，想跟正常的女孩子一争高低……"

她面临困难时的做法：

"黑板上的几何图形，我的眼睛是看不见的。我弄懂几何图形概念的惟一方法，是用直的和弯曲的铅丝做成几何图形……"

◇外因（旁人的帮助，时代的机遇等）

旁人给予她的帮助：

"莎莉文老师每天和我一起上课，以她无限的耐心把老师们所讲的都写在我手中……这些事情的单调和枯燥是难以想象的……"

时代给予她的机遇：

"1893年……世界博览会主席希尔博特姆先生特别照顾我，允许我抚摸展品……贝尔博士一直陪着我们，向我描述那些有趣的事物……"

步骤4. 以"海伦·凯勒为什么能够成功？"为主题，举办一场读书沙龙，交流自己的想法。

【温馨提示】

建议确定一位家长作为沙龙主持人。

主持人应激发孩子的表达欲望，启发孩子多角度思考。

沙龙结束时，建议主持人对本次活动作简单小结。

阅读活动四　举行一场演讲会

阅读名人传记，就是要学习名人身上的优秀品质，弘扬名人伟大的人格精神。本次活动将通过演讲的形式帮助孩子在阅读中联系自我，从海伦身上汲取成长的力量。

本次活动，建议在阅读完第三章和第四章内容后进行。

活动前，布置好演讲会场，如准备好用于播放PPT的屏幕，将观众座椅摆放成一排或半圆形等。

步骤1. 做热身游戏，了解海伦·凯勒的更多信息。

交流提示

参与游戏的人一边打节拍，一边依次接龙。接龙的句式为"一说到海伦，我就想到_____"。

空格内容如"勇气""坚强""莎莉文老师""双目失明"等。接龙时有速度要求，并要努力做到所说的内容不重复。

步骤2. 阅读"走出黑暗和寂静"这部分内容，梳理出海伦·凯勒"勇敢"的具体表现，做成读书便签进行交流（见图12-5）。

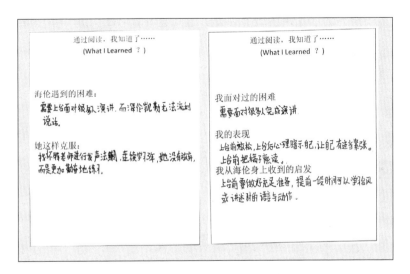

图12-5　"走出黑暗和寂静"的读书便签

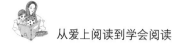
通过对海伦·凯勒"遇到哪些困难""如何勇敢克服"两方面进行梳理后，我们不难感受到，无论面临什么困难，海伦·凯勒都能够直面恐惧，即使在黑暗中也从不后退。

步骤3.联系自己的生活经历进行反思，记录在读书便签上，进行交流。

从"遇到哪些困难"和"如何勇敢克服"两个角度反思自己面对困难时的表现，在和传记人物的对比中寻找差距，获得启迪。

步骤4.根据自制的读书便签完成"做一个勇敢的人"的演讲提纲。

【温馨提示】

演讲提纲参考：

1.提出观点：什么样的行为才是真正的勇敢。

2.以海伦·凯勒为例，阐述"勇敢"者需要具备哪些条件。

3.说说自己有过哪些"勇敢"或"不勇敢"的事例。

4.抒发感想：海伦·凯勒给予我的启示。

步骤5.举行演讲会，请孩子上台演讲，家长点评。

【温馨提示】

演讲结束后，家长应对孩子的表现给予肯定和鼓励，让孩子在活动中获得充分的成就感。

阅读活动五　举行一场朗诵会

在《假如给我三天光明》的阅读中，孩子们了解了海伦·凯勒传奇的一生，感受到了这位伟大人物的人格魅力。此次活动，将通过朗诵会的形式，让孩子们用自己的声音表达对海伦·凯勒的崇敬之情。

活动前，建议将座椅摆放成一排或弧形，打印好朗诵评价表（见表12-1）。

表12-1　朗诵评价表

评　价　内　容	评　价　等　第
声音响亮	☆☆☆☆☆
朗读流畅	☆☆☆☆☆
富有感情	☆☆☆☆☆
理解深刻（介绍与问答）	☆☆☆☆☆

步骤1. 在最后一章中挑选朗读素材。

步骤2. 进行朗诵练习，挑选适合的背景音乐。

步骤3. 举行朗诵会，请孩子们进行朗诵展示。

步骤4. 朗诵结束后，家长进行点评或提问。

【温馨提示】

选择背景音乐时，应当注意音乐的情绪、节奏、速度等与文字表达的意境是否相符；朗诵时，应努力使自己的语速、语调与音乐融为一体，达到和谐统一的效果。

朗诵完毕后，建议朗读者对朗读内容进行解读，并解答听众的提问。

为了增强朗诵会的仪式感，建议朗诵会安排一位主持人，安排点评和提

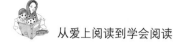

问等环节。朗诵结束后，听众应报以掌声鼓励。这样会让参与者更全情地投入，更能感受到家庭良好的读书氛围。

阅读活动六　给本书写"推荐词"

这是《假如给我三天光明》的最后一次亲子阅读活动。通过前几次阅读活动，相信大家都有这样一种感受：这么优秀的人物传记，能不能推荐给更多人来阅读？本次活动中，家长和孩子将化身为"图书推荐人"，为本书撰写一段推荐词，让更多人感受到这本书的独特魅力。

活动前，请准备好前几次阅读活动中制作的所有读书便签。

步骤1. 整理阅读过程中制作的"L"类读书便签，聊聊阅读这本书的感受。

步骤2. 把读书便签中的内容进行归类，如：

　　◇ 海伦·凯勒的人格魅力（性格、经历、成就）

　　◇ 海伦·凯勒生活的时代背景

　　◇ 本书的语言特色

步骤3. 选择其中的一个方面撰写本书的"推荐词"。

步骤4. 交流本书的"推荐词"。

【温馨提示】

关于推荐词的撰写，提供以下建议：

推荐词不用写得太长，言简意赅就好。

关于推荐词的内容，除了对传记人物的介绍外，还可以有对本书其他特色的介绍。

推荐词的语言宜生动、优美，建议使用一些修辞手法，如排比等。

结　语

偶像的力量是无穷的。

在成长的过程中，人总是通过寻找自己的偶像来完成自我认知。如果不加以引导，孩子们很容易陷入"盲目崇拜""肤浅追求"的误区。例如，在一些"明星""网红"的影响下，变得思想浅薄、碌碌无为，缺乏理想与信念。

阅读优秀的人物传记，能够让孩子们走进人类历史长河，结识星光熠熠的古圣先贤、英雄豪杰、中外名家，将其作为伴随自己成长的偶像。榜样的力量，对于青少年的作用是不可估量的：在遇到困惑时，他们帮助孩子拥有坚定的信念；在遇到挫折时，他们帮助孩子拥有战胜困难的勇气……从传记人物的人生中，孩子们会寻找到人生的启示，寻找到前行的方向，并对成功、对未来、对人生产生懵懂的思考。这样的积极意义，不正是亲子阅读所追求的美好愿景么？

阅读小贴士

用好读书"小工具"

您知道吗？读书也有很多"小工具"。孩子用好了这些"小工具"，可以在阅读中起到事半功倍的效果。

碰上不认识的字，求助字典或搜索引擎；需要留下自己的阅读心得，可以用便签纸记录，或直接在书上圈划批注；面对书中纷杂烦琐的信息，可以绘制思维导图，或列出一张清晰的表格……

向您的孩子推荐几种读书"小工具"：

读前——阅读计划。在阅读前制定一份详尽的阅读计划，可以督促自己有计划、有秩序地完成阅读任务，避免"三天打鱼，两天晒网"的状况。读书计划中可以包含阅读内容、阅读时间、阅读方法等内容。当然在具体阅读过程中，计划也可根据实际情况稍作调整。

读中——圈划批注、思维导图。所谓"不动笔墨不读书"，在阅读时涂涂画画，圈圈点点，正是孩子们学会读书的开始；而很多看似杂乱无章的"信手涂鸦"，或许正是阅读者稍纵即逝的思想火花。

读后——读书卡。读完一本书后，把这本书的作者信息、主要人物、"好词好句"、感悟随笔等一一记录在一张卡片上，这就是读书卡。读书卡内容丰富，形式多样，能帮助孩子增长知识，丰富积累。多年以后再拿出来看看，一定别有一番感悟。

快和您的孩子一起试试吧！

后 记

四十年前，我成为一名普通的语文教师。二十年前，我走上了行政岗位，担任过九年一贯制学校的常务副校长。2006年我来到上海市民办新世纪小学，成为一位普通的小学校长。两个二十年，两个不同的身份，让我有时间对小学语文教育退思往事；有空间和教师一起超越浅视的"成绩目标"，为孩子撒下读书的种子；有条件和教师一起带领孩子去探寻"试题"之外广阔的语言艺术天地——人类的精神家园。

2008年起，我们每天拿出8分钟时间，带领全校学生进行古诗文诵读。因为在我们看来，诗文的精华在字句之中，那里有声情，有气韵，有见识，也有抱负。我们把每天的8分钟诵读，看作是孩子在与古人对话，孩子在为古人表情达意。

2009年起，我们每周拿出一节语文课来开展全校各年级语文综合性学习。课程内容涵盖主题绘本创作、主题信息采集、课本剧表演、名家作品鉴赏、趣味故事盒子、绘声绘影表演等。这门课成了孩子们自主选择的最热门的课。孩子们纷纷表示："原来语文还可以这样学！"这门课也成为新世纪小学一张特殊的教学名片。

2014年开始，我们从一年级每周9节语文课中拿出3节课进行阅读教学的尝试。这3节课被称为"泛读课"，并由原语文教师赵翔担任专职教师。

孩子们亲热地称呼他为"泛读老师","泛读老师"因此成名。在课上,赵老师与孩子们徜徉在书的海洋里,作者的情意与师生的情意在读书的过程中相会。一年下来,阅读的真感受与真领悟,能相通、能共鸣、能交融,让师生"阅"在其中,乐不思蜀。这一年,赵翔老师是摸着石头过河,边前行边反思总结。学校的"泛读课"也因此有了雏形。

后来,各个年级相继开设"泛读课",同样配备专职的"泛读老师"。春去秋来,孩子们就这样大量阅读着……随着年龄的增长,他们的阅读体会越来越深,读书的兴致也越来越浓。到了四五年级,老师带着孩子开始读名著。通过一本一本地阅读名著,孩子们不知不觉间受到了精神上的熏陶,气质纯正了,品位自然也提高了。"泛读课"成了学校语文教学的又一张名片。

在此期间,"泛读老师"开展了大量的实践研究,设计出丰富多彩的读书活动,积累了一定的阅读指导方法。老师还将自己设计的读书活动及读书方法推荐给家长,让家长带领孩子开展亲子共读活动。我发现孩子的阅读兴趣更浓郁了,家长对孩子的心理成长和情绪发展有了更深的了解,亲子之间的沟通更畅通了。亲子阅读促进了大人和孩子的共同成长。加之2018年国家统编小学语文教材出版,特别设置了"和大人一起读""快乐读书吧"版块,强调对学生语文素养的培养,更坚定了我们泛读研究的信心,我们更深刻地体会到读书活动与阅读方法指导对于亲子共读的意义与价值。我不敢再独享这些经验,由此便有了出版《从爱上阅读到学会阅读》这本书的想法。

本书在编辑过程中得到学校全体"泛读老师"的大力支持。他们在完成常态教学工作之余,承担了大量的撰写任务,不少老师都亲自撰写了多篇。他们是顾利中、赵翔、张婉、严玲玲和赵建红老师。原语文教研组长顾利中老师还负责通读了全稿。我审读了全书。对此,一并表示衷心的感谢。

在这里,也要真诚感谢学校所有的语文教师。是他们在保证教学质量的基础上,用精讲精练的课堂浓缩了教学课时,使"泛读课"能顺利开设,也促成了本书的面世。

特别需要感谢的还有:这十多年来我们得到了著名特级教师徐家良老师的悉心指导,他是我们学校语文教学改革的主心骨,他为我们的泛读课把关掌舵。上海师范大学丁炜博士亲自参与了泛读课的教学研究与本书后续的撰写审稿工作，给予了我们专业的指导。全国小学语文界著名专家吴立岗教授，《小学语文教师》杂志执行主编杨文华老师，上海师范大学吴忠豪教授，上海市小学语文教研员、特级教师薛峰老师以及长宁教育学院语文教研员王颖、秦佩菁、王琳琳老师等多次来校听课，并纷纷给我们献计献策，在此一并表示感谢。

我还想借有限的篇幅向一直以来给予我多方支持的家长、同事、各级领导们表示由衷的感谢。

感谢为本书出版提供大力帮助的上海交通大学出版社人文分社副社长赵斌玮。感谢上海交通大学出版社的编辑王小菲。

杨毅蓉

2022 年 3 月